感性の限界

不合理性・不自由性・不条理性

高橋昌一郎

講談社現代新書

2153

目次

序章

シンポジウム「感性の限界」開幕

——結婚披露宴会場より

――本書は「理性の限界」・「知性の限界」シンポジウムの後に開催された結婚披露宴会場の場面から幕が上がります。といっても予備知識は不要で、どの章からでも読み進められる雑談形式ですから、ご一緒にお楽しみいただけましたら幸いです。たった今、新郎新婦が入場してきたところです……。（結婚行進曲♪）

司会者　それでは、ただいまより結婚披露宴を始めさせていただきます。

お二人の晴れの門出をお祝いいたしまして、皆様と共に祝杯を挙げたいと存じます。本日の記念すべき乾杯のご発声は、ご新郎様が結婚の決意を固めたきっかけとなる助言をされた哲学史家様にお願いいたします。

哲学史家　ご紹介いただきました哲学史家です。お二人のご結婚を心よりお慶び申し上げます。誠に僭越ではございますが、ご指名をいただきましたので乾杯の音頭を取らせていただきます。お二人のご結婚を祝して、乾杯！

一同　乾杯！（拍手）

司会者　それでは皆様、シャンパンと祝菜をお楽しみになりながら、ごゆっくりご歓談ください……。

結婚の選択

哲学史家　それにしても、ご新郎が結婚の決意を固めたきっかけが私の助言だったとは初耳ですな。たしかに私は、ご新郎の会社員さんと「理性の限界」シンポジウムで結婚について話した記憶はありますが……。

会社員　そうです。あの頃の私は、本当に結婚してよいのか、もっと別の生き方があるのではないかなどと考えて、なかなか結婚に踏み切れずにいました。そこで、このような悩みにも理性的な解決策がありうるのかと伺ったところ、ライプニッツの話をしてくださったじゃないですか……。

哲学史家　ああ、それは覚えていますよ。近代論理学の基礎を構築したライプニッツは、あらゆる問題を理性的に解決できると信じていました。いかに複雑な問題であっても、論理的に緻密に解きほぐして計算すれば、明確に答えを得ることができるとね。そこで彼は、自分が結婚に迷ったときも、理性的に解決しようとしたわけですから……。

大学生C　それ、ぜひ伺いたいです！　どうしたら結婚の問題を理性的に解決できるんですか？

哲学史家　彼は、結婚した場合に想定されるあらゆる可能性を、紙に書き出したのです。プラスとマイナスを箇条書きにしてね。

ライプニッツは、微積分法を創始したほどの数学の天才でもありますから、それらのプラスとマイナスの組み合わせで生じる新たなプラスとマイナスについても、さらにそれらの組み合わせで生じる新たなプラスとマイナスについても、突き詰めて考え抜いて、詳細に計算し尽くしたに違いありません。

科学史家　ちょっとお待ちください。微積分法を発見したのは、ライプニッツではなくて、ニュートンだと申し上げたじゃないですか！

ライプニッツが微分法を発表したのは一六八四年の論文、積分法はその二年後ですが、その十年以上前の一六七二年、ニュートンは「流率法」と呼ばれる微積分法の概念を手紙で示している証拠があります。しかもその内容は、イギリス王立協会の数学者や科学者にも広く知れ渡っていました。

哲学史家　しかし、今おっしゃった「流率法」をニュートンが正式に論文に完成させたのは一七〇四年ですから、ライプニッツの論文よりも二十年も後のことでしょう。

科学史家　たしかにニュートンは完全主義者だったので、正式な論文として発表するまでには時間がかかりましたが、「流率法」をライプニッツよりもずっと先に発見していたことは事実です。

それにライプニッツは、一六七三年にイギリスに二ヵ月以上滞在して、王立協会の数学者や科学者と交流した形跡がある。おそらく彼は、その期間中にニュートンの「流率法」を知って、その内容を発展させて先に論文発表したのだろうというのが、イギリスの科学史界の通説でして……。

哲学史家　まだあなたは、ライプニッツがニュートンのアイディアを剽窃（ひょうせつ）したと思っているのですか？　それは、とんでもない濡れ衣だと申し上げたはずです！

そもそもニュートンは、非常に権力欲が強く猜疑心の強い人間だった。彼こそが、王立協会の会長としての地位を利用して、ライプニッツの論文を剽窃だと偽善的に告発したのではないですか？　ドイツの哲学史界では、それが常識になっていますが……。

司会者　そのお話は、また別の機会にお願いします。

ともかくライプニッツは、彼自身の結婚にいかなる決断をくだしたのか、その点をもう一度お話しいただけますか？

哲学史家　もちろんライプニッツは、結婚そのものを取り止めましたよ。理性的に計算すれば、そうなるに決まっているじゃないですか！

おっと、失礼！　ここは晴れの結婚披露宴会場でしたな……。

会社員　いえいえ、気になさらなくて大丈夫ですよ。というのも私自身、教えていただいたライプニッツの方法に基づいて、結婚によるプラスとマイナスを紙に書き出してみたところ、プラスの方がずっと多かったからこそ、ハッキリと決心して結婚に踏み切ることができたからです。その意味で、私たち夫婦は、哲学史家さんに大いに感謝しているのですから……。

運動選手　それはすばらしい！　やはり、どんなにいろいろなマイナス要因を加えても、新郎新婦の大きな愛のプラスには勝てなかったということですね！

会社員　いえいえ、お恥ずかしい話なのですが、私たちのプラスのリストはもっと現実的なものでして……。

要するに、二人が独身のまま別々に暮らしているよりも、結婚して一緒に暮らす方が、経済的にも大幅に節約できるということなんですよ。テレビや冷蔵庫や洗濯機にしたって一つあれば共用できるわけだし、住宅ローンや保険や税金だって婚姻者の方がずっと優遇されているし……。

大学生A　そうはいっても、やはり結婚の最大の動機は、お二人が愛し合っているということですよね？

会社員　それは、もちろんそうなのですが、お互いに適齢期ということもあるし、双方の家族を安心させたい気持ちもあるし、どちらかというと社会的慣例にしたがったような次第でしてね……。

大学生C　ああ、私は燃え上がるような恋をして、コート・ダジュールの浜辺で夕陽を見ながらプロポーズされたいんですが、そんな話は夢物語なんでしょうね……。

会社員　あははは、そのお気持ちもわかりますが、実際に社会に出て働くようになると、いろいろと現実的にならざるをえない面も多くなってくると思いますよ。

人生の決断

大学生A　それにしても、ご新婦のウエディング・ドレス姿、とてもステキでしたね！

大学生C　本当に綺麗だったわね！　お色直しで、どんな衣装に着替えていらっしゃるのか、すごく楽しみです。

会社員　どうも妻をお誉めいただいて、ありがとうございます。実は私もドキドキしながら待っているところでして……。

哲学史家　あははは、やはり最高にお幸せそうな新婚カップルですな……。

カント主義者　君たち、実に楽しそうに会話が弾んでいるようだが、「結婚は人生の墓場だ」という言葉を知らないのかね?

哲学史家　またそんな不謹慎なことを言って……。

カント主義者　そういう君だって、結婚しなかったライプニッツの決断を理性的だと誉めたたえておったじゃないか。そもそも哲学者の使命は、人生を哲学研究に捧げることだ。結婚している暇などあるはずがない!

哲学史家　それはまあ、たしかに哲学史を振り返ってみると、結婚した哲学者はあまり見当たりませんな……。

近代哲学を創始したデカルトをはじめ、カントもショーペンハウアーも、キルケゴールもニーチェも、ルイス・キャロルもウィトゲンシュタインも未婚でした。もっとも結婚しなかった理由は、それぞれ異なっていますが……。

大学生A　でも、哲学の創始者ソクラテスは結婚していましたよね?

哲学史家　たしかにそうです! ただし彼の妻クサンティッペは大変な悪妻でしてね、毎日のようにソクラテスを怒鳴りつけて、ある時は怒りを抑えきれずに彼の頭から水を浴びせたこともありました。ソクラテス自身が「良妻を持てば幸福になれるし、悪妻を持てば哲学者になれる」と自嘲しているくらいですから……。

急進的フェミニスト　「悪妻」ですって？　まさに一方的な男性的価値観から女性を蔑視した言語使用、聞き捨てなりませんね！　それにソクラテスは「哲学の創始者」なんて持ち上げられているけど、実際には働きもせずにブラブラ出掛けては若者と問答ばかり繰り返して、要するに毎日遊び歩いていただけじゃないの！　だったら、クサンティッペが怒るのも当たり前のことです！

司会者　そのお話は、また別の機会にお願いします。

それにしても、幸福な結婚を遂げた哲学者はいないのでしょうか？

方法論的虚無主義者　ファイヤアーベントは三度の結婚と離婚を繰り返して、四回目の結婚で最高の幸福を手に入れた。恋多き哲学者も存在するということだよ。

ロマン主義者　四回の結婚だって？　エリザベス・テイラーは、その倍の八回も結婚しているじゃないか！　ああ、彼女の目は、虹彩が世にも稀な紫色の「奇跡の瞳」だった。彼女が絶世の美女を演じた映画『クレオパトラ』のすばらしさといったら……。

イタリア国粋主義者　いやいや、美女を描いた最高傑作といえば、何といっても『ローマの休日』だね。すべての道はローマに通じる！　恋も長い歴史に彩られたローマの街並みを背景にしてこそ燃え上がるものだ。しかもあの映画のオードリー・ヘップバーンは、天使のように可憐で、高貴な美しさが内面から滲み出ている……。

イタリア社会主義者　珍しく意見が合いますな。私もオードリー・ヘップバーンは大好きです。彼女は、第二次世界大戦中には命がけでレジスタンス運動に身を捧げていました。しかも引退後は「ユニセフ」（国際連合児童基金）の親善大使を務めて、世界中の恵まれない子供たちに援助を惜しまなかった。実に尊敬すべき女性です。

映像評論家　オードリー・ヘップバーンの母親はオランダの貴族でしたから、彼女に独特の気品があることも頷けますね。父親はイギリスの銀行家でしたが、こともあろうにナチスに心酔して、両親は離婚してしまいます。幼いオードリーはオランダの母方の親族に引き取られますが、叔父がナチスに銃殺される姿を目撃し、そこで彼女はレジスタンス運動に加担することを決心したわけでして……。

大学生A　すごい勇気ですね！　私だったら怖くて何もできなかった気がしますが……。

ところで彼女自身は、結婚していたんですか？

映像評論家　最初は俳優、次は精神科医と結婚しましたが、どちらもうまくいかなかったようで、結果的に二度離婚していますね。晩年は別の俳優と同棲していましたが、もはや結婚はしませんでした。

それにしても、彼女が亡くなったとき、エリザベス・テイラーが「世界で最も美しい天使が神に召されました」とコメントしたことには驚かされましたね！　あの我儘（わがまま）なエリザベス・テイラーがオードリー・ヘップバーンを「世界で最も美しい」と公式に認めたわけですから……。

もっとも、本格的に「世界で最も美しい」女優を選ぶとなると、これはもう大変なことになるわけでして……。たとえばマリリン・モンローやブリジット・バルドーのようなタイプの女優だと……。

司会者　そのお話は、また別の機会にお願いします。

それから皆さん、「墓場」とか「悪妻」とか「離婚」といった言葉が飛び交っているようですが、ここは晴れの結婚披露宴会場であることをお忘れにならないように！

愛と別離

会社員　いえいえ、本当に気になさらなくて大丈夫ですから、ご自由にご発言ください。さきほども申し上げましたように、私が結婚に踏み切れたのも「理性の限界」シンポジウムでアドバイスをいただいたからです。それに、またこうして皆さんのお話を伺うことができて、私は嬉しい気持ちで一杯なのです。

大学生C　それでは遠慮なく質問させていただきたいんですが、「理性」や「知性」という意味で考えると、人間はすばらしい科学や文化を発展させてきたのかもしれないけれど、実生活でやっていることといったら、古代ギリシャ時代と何も変わらないんじゃないでしょうか？

　実は先日、私の父親が夜中過ぎに酔っ払って帰って来て、母親が玄関にあった花瓶をひっくり返して父親の頭から浴びせたんですが、これなんてソクラテスの奥さんとまったく同じ行動ですよね。

会社員　あははは、それは勇ましいお母さんですね。

大学生C　その日は結婚記念日で、母がご馳走を用意して待っていたのに、父が完全に忘れていたんです。何か取引先の重役さんたちと大事な会合があって、連絡する暇もなかったと言い訳していましたが……。

会社員　そうでしたか……。急に会合が入ることは私の会社でもよくあることです。くれぐれも胆に銘じておかなければ、恐ろしいことになりそうですね。

大学生C　しかも、それが結婚二五周年記念の銀婚式だったんです！　母は、ついに堪忍袋の緒が切れて、離婚すると言い始めているんです。

大学生A　それって冗談でしょう？　以前C子のお宅にお邪魔したときにも、すごく仲が良さそうなご両親だったのに……。

大学生C　そうそう、以前は子供の私から見ても恥ずかしくなるくらいラブラブだったのに、最近はお互いに口も利かないし……。どうしても伝えたい用事があるときは、「パパにこう伝えて」とか「ママにこう言っとけ」とか、私を伝言板にしているんだよ……。

運動選手　それは大変ですね！　でもきっとすぐに仲直りされますよ。せっかく銀婚式まで一緒に結婚生活をおくってこられたわけですし……。

カント主義者　いやいや、お互いに口も利かないような状態だったら、少しでも早く離婚する方がよかろう。その方が、お互いに新たな人生を早くスタートできるというものだ。カントもそういう経験をしておる。

運動選手　えっ、カントは結婚しなかったんじゃないですか？

カント主義者　妻ではなくて妹の話だ！　カントは若くして大学講師となり、亡くなった父親代わりに妹の面倒を見ておった。その妹が結婚したいと言い出したのだが、その相手が、カントにはとても我慢のならない大馬鹿者だったのだ。

哲学史家　カントは、知的でない人間を忌み嫌っていましたからな……。彼のサロンでは、高度な会話に付いていけない人間は、入室することさえ許されませんでした。

運動選手　それで妹さんは結婚を諦めたんですか？

カント主義者　いや、いろいろと紆余曲折はあったが、結果的にその妹は、カントの猛反対を振り切って結婚してしまったのだ。

運動選手　あははは、それはすばらしい！　さすがカントの妹さんじゃないですか！

カント主義者　その結婚式の日以来、カントは、その妹と一言も口を利かなくなった。同じケーニヒスベルクの村に住んで、毎日の規則正しい散歩のコース沿いに妹夫妻が暮らしていたにもかかわらず、カントは死ぬまで彼女とは一言も口を利かなかったのだ……。実生活においてさえ、何事も一貫して徹底したカントらしい姿だよ！

運動選手　その姿は「徹底」というよりも単に「頑固」なだけじゃないですか？　しかも、実の妹なのに生涯口を利かないなんて、ボクには、かなり偏屈な人としか思えませんがね……。

シンポジウム再開

大学生C　でも、私の両親を見ていると、このまま離婚したら本当に一生お互いに口を利かないままだろうと思いますよ。そのくらい険悪なムードなんだから……。

会社員　いわゆる「熟年離婚」になってしまうのかなあ……。そういえば私の会社の上司にも、離婚経験者は結構いますねえ……。

大学生A　私がすごく不思議なのは、少なくとも一度はすごく愛し合って、だからこそ結婚したような二人が、どうして後になってから、すごく憎み合うようになったり、ついには離婚するようなことになってしまうのかということです。なぜそんな悲しい結末になるのでしょうか？

行動主義者　それはね、お嬢さん、永遠に続く「愛」のようなものがこの世に存在しないからですよ。そもそも「愛」とは人間の創り上げた幻想にすぎないのですから、むしろ終わりが来ることの方が自然なのです。

人間の行動を詳しく研究すると、男女の間でどんなに燃え上がった恋愛も、時間とともに沈静化していくことがわかります。さらに結婚して一緒に生活する時間が長くなればなるほど、相手に対する失望感や嫌悪感が増大するのが普通です。

もちろん、必ずしもすべての結婚が「離婚」に直結するとは限りません。子供の養育や社会的責任を果たすため、「別居」や「家庭内離婚」のように、体面だけは維持しているような結婚形態もありますからね……。

イギリス文学者　誠に残念ながら、「愛」は儚(はかな)いものなのですよ。ロバート・ヘリックの詩を思い出しますな。「時のあるうちに、バラの花を摘むがよい。時はたえず流れゆき、今日は微笑んでいる花も、明日には枯れてしまうのだから……」

イタリア文学者　そのテーマ、まさにヴェルディのオペラ『椿姫』そのものですな……。「楽しみのためだけに生きましょう。なぜなら愛は、花のように瞬く間に枯れていくものだから……」

　この歌が哀愁にあふれているのは、ヴィオレッタが愛する男の父親に懇願されて、その男との結婚を諦めた後に唄うからなんですよ。彼女こそが、「椿姫」と呼ばれる類まれな美貌の高級娼婦でして……。

司会者　そのお話は、また別の機会にお願いします。

　それから、さきほども申し上げましたが、ここは荘厳な結婚式が行われたばかりの披露宴会場なのですから……。

会社員　ああ、その結婚式で私は「永遠の愛」を誓ったばかりなのですが、やはりそれは幻想にすぎないのでしょうか？

運動選手　そんなことはありませんよ！　ボクは「永遠の愛」が存在することを信じています。実際に、末永く幸福に暮らしている夫婦や家族だって、たくさん存在するじゃないですか！　そうですよね、A子さん？

大学生A　私もそう信じたいのですが……。

実存主義者　どうして皆さんはそんなに「永遠の愛」などという概念にこだわるのでしょ

うか？　「愛」は人間の行動を制限し、場合によっては人生まで破壊する可能性も秘めた危険な罠ですよ。過去の人間の歴史を振り返ってみれば、失恋による自殺や嫉妬による殺人、偏愛や憎悪が原因で生じた王室騒動から戦争に至るまで、「愛」が人間のネガティブな側面を引き出した事件は、枚挙にいとまがありません。

近代社会で人間が獲得した最高の成果は、「愛」ではなく「自由」ですよ。我々には、結婚する自由もあれば、離婚する自由もある。成熟した男女が愛し合って結婚し、その愛が醒めたら離婚し、新たな愛が芽生えたら再び結婚する……。ここで何よりも尊重されなければならないのは、我々が社会的あるいは文化的な制約に縛られずに、それらの行動を「自由」に行うことができるという点です。

急進的フェミニスト　そこで大切なのは単なる「自由」ではなくて「女性の自由」ですよ！　いまだに世界各地では、頑迷な宗教的戒律や保守的に凝り固まった社会的慣習に束縛された無数の女性が苦しんでいるのです。過去の男性的価値観が形を変えた人身売買やレイプにドメスティック・バイオレンスの悲惨さといったら……。

ロマン主義者　まあまあ、俺は「女性の自由」も「男性の自由」も平等に尊重しているつもりだが、いつか人間に必ず「死」が訪れる以上、まったく制約のない自由というのは幻想にすぎないだろう。

逆に、限られているからこそ、人生はすばらしいんだ。そして、その人間の実生活において直接的に最も重要な意味を持つのは「愛」だ。「愛こそすべて」(All you need is love!)なんだよ！

社会心理学者　冷静に考えてみると、「愛」と「自由」が尊重される社会であればあるほど、むしろ離婚率は増加するに違いありませんね……。実際に、先進諸国での離婚率は増加しているわけですが、それこそがお互いの将来を考えて自由に生活できる成熟した社会と言えるのかもしれません。

司会者　そのお話は、また別の機会にお願いします。

そろそろ新婦が入場する時間だというのに、まったく皆さんの話といったら……。

方法論的虚無主義者　あははは、なぜ人間はこんなに無神経で馬鹿な生き物なのか、それを主題にシンポジウムを開けばいいじゃないか。まさにファイヤアーベントが「何でもかまわない」(Anything goes!)と言っているとおりだ！

運動選手　またそんな身も蓋もないことを言って……。

会社員　いえいえ、私からもぜひお願いしたいと思います。

これまでに参加させていただいた「理性の限界」シンポジウムでは、選択の限界・科学の限界・知識の限界、「知性の限界」シンポジウムでは、言語の限界・予測の限界・思考の限界について、すばらしいディスカッションが行われました。私にとっては、これまで考えたこともなかったような知的刺激に満ちた多彩なアイディアを勉強させていただいて、深く感謝しております。

ただ、その両シンポジウムで主題になったのは、どれも人間が達成した成果にかかわる外面的な限界の話で、いわば私たち人間の内面に迫る主題ではなかったような気がします。たとえば、今のお話に出てきた人間の「愛」や「自由」や「死」など、「理性」や「知性」というよりも「感性」に深くかかわるような話題については触れられませんでした……。

大学生A　たしかに、おっしゃるとおりですね。人間の「感性の限界」、私もすごく興味があります！

哲学史家　人間の愛がいかに「不合理」なものか、自由だと勝手に信じている人間が実際には「不自由」なのではないか、なぜ人間は生まれて死ななければならないという「不条理」に遭遇しているのか？

どれも非常に興味深い大問題ですな……。そもそも、人間とは何か……？　人間はなぜ生きるのか……？

運動選手　ボクからも、ぜひお願いします。またA子さんと一緒に参加できたら最高ですよ！

司会者　よくわかりました。それでは皆さんのご要望にお応えしまして、改めて「感性の限界」シンポジウムを開催したいと思います。そこでどんな話題を議論されても結構ですから、この披露宴会場では、おめでたくない話は、くれぐれもお控えくださいますように……。

それでは皆様、大変お待たせいたしました。華やかにお召し替えされたご新婦様のご入場です！

一同　（拍手）

第一章　行為の限界

1　愛とは何か

司会者　それでは、第一のセッション「行為の限界」を始めさせていただきます。

このテーマを最初に選んだのは、私たち人間の行為が、これまでのシンポジウムで議論されてきた「理性」や「知性」ばかりではなく、「感性」に基づいていると考えられるからです。

絵画を見るとき、音楽を聴くとき、香水を嗅ぐとき、料理を食べるとき、あるいは物に触れるとき、私たちは、考えたり判断したりするというよりも、むしろ何かを感じると言った方が適切かと思われます。

そもそも人間が何かを感じるとはどのようなことなのでしょうか？　そこに合理的な意味はあるのでしょうか？　そして、その限界はどこにあるのでしょうか？

論理実証主義者　まず、その「感性」という言語そのものが曖昧ではないですか？

たとえば「彼は絵画に豊かな感性を持っている」という語法では「感受性」の意味で用いられているし、「その音楽は彼女の感性に合わない」という語法では「好悪の感情」を指しているでしょう。

私たちが言語で明確に表現できるような問題であれば、言語で明確に答えることができますが、問題そのものが不明瞭であれば、その答えが不明瞭になるのも当然のことです。ウィトゲンシュタインの『論理哲学論考』に示されているように、「語りうることは明らかに語りうるのであって、語りえないことについては沈黙しなければならない」のです！

知覚の因果説

生理学者　言語を明確にすべきだというご意見でしたら、私も大賛成ですね。

ただし、医学生理学的な意味での「感性」でしたら、非常に明確に定義することができますので、ご安心ください。というのも、ヒトが外部世界を認識するためには、「視覚・聴覚・嗅覚・味覚・触覚」の「五感」を用いる以外に方法がないからです。

一例として、視覚を考えてみましょう。ここに一本のバラの花があります。この花に光が当たって反射し、光線となって目の網膜上に像を結び、そのインパルスがニューロンによって視覚神経系から脳細胞に伝送される。つまり目に入力されたデータが電気的に伝送されて脳細胞の興奮を生じさせるわけで、これこそが「感覚」の正体に他なりません。

ヒトの脳神経系は、その感覚のデータを過去に保存したデータの集合体である「記憶」と照合し、それが花の形であることや赤い色であることを「知覚」します。さらに新皮質に累積されている語彙群の中から一定の語句を取り出して、それが一本のバラの花であることを「認識」するわけでして……。

形而上学者　ほら、つかまえた！　あなたの論法は「知覚」を物理的な因果関係に還元しようとする「知覚の因果説」そのものじゃないですか！　しかし、これまでに数多くの形而上学者や哲学者が批判してきたように、そんなことで「知覚」が簡単に説明できるわけがありません。

そもそも「知覚の因果説」は自己矛盾しているのです！　そのことを、今ここで証明してみせましょう。

あなたの「知覚」についての説明は、「ここに一本のバラの花があります」から始まって、「それが一本のバラの花であることを『認識』する」で終わりましたね。しかし、なぜ最初から「ここに一本のバラの花があります」と、その対象の存在を断定できるのでしょうか？　その理由は、あなたが事前に「それが一本のバラの花であることを『認識』」していたからに他なりません！

要するに「知覚の因果説」は、ある対象の認識を前提として、その対象の認識を結論づけているわけですから、明らかな自己矛盾に陥っているのです。

哲学史家 そのご指摘については、私も同感ですな。そもそも、生理学者さんのお話では、光がどのようにして人間の脳に到達するかの経路は示されていますが、なぜその経路によって、人間が一本のバラの花を認識できるのかが説明されていません。つまり、「知覚」そのものが何なのかという疑問には答えていないのです。これがデカルト以来生じている「知覚の因果説」の最大の哲学的難問でありまして……。

生理学者 私は、現在までに知られている医学生理学的な研究成果に基づいて、ヒトの「知覚」の情報処理がどのように行われているかをご説明したまでのことでして、そこに自己矛盾があるなどとは思っておりませんし、何が「知覚」なのかについても、これ以上明快な説明はないと考えております。なぜなら「知覚」とは、脳の状態そのものなのですから！

基本的に、科学者は、外部世界の存在を無条件に前提とするのが普通です。天文学者は星を観測し、植物学者は花を観察し、医者はヒトの身体活動を検査して治療します。そこで、いちいちその前提となる対象まで疑っていては、何も先に進みませんからね。

形而上学者 「無条件に前提とする」ですって？　フッサールが「厳密な学としての哲学」を構築するにあたって最も厳しく排斥しようとしたのが、「無条件の前提」のような不用意な学問的姿勢でした。

フッサールによれば、我々は、対象に関する存在措定を遮断し、存在性格を括弧に入れるという超越論的判断停止によって、初めて事象そのものへ立ち向かうことができるのです。このように、自然的態度から現象学的態度へと現象学的還元を行うことによってこそ、超越論的哲学としての現象学を成立させることができるわけでして……。

会社員　あの、なにがなんだか、まったくわからないんですが……。

論理実証主義者　そうでしょう、わからなくて当然、あなたの方が正常なのです。そもそも「超越論的判断停止」とか「括弧に入れる」とか「現象学的還元」といった観念論的な表現は、無意味な言葉の羅列にすぎませんからね。

カント主義者　何を言っているんだね、君は！　実に興味深い話じゃないか。カントの影響を抜きにしてフッサールを語れないことが、今の発言にハッキリ出ておる。つまり、カントの超越論的哲学を深化させたからこそ、フッサールは「現象学的還元」に辿りつけたわけであって、この重要な論点については、十分な審議の必要性があるに違いない！

司会者　そのお話は、また別の機会にお願いします。

しかも、その種の「言語の限界」に関連した話題は、「知性の限界」シンポジウムでディスカッションを尽くしてきたじゃないですか！　あの日のシンポジウムの記録は、『知性の限界——不可測性・不確実性・不可知性』（講談社現代新書）という本になって出版されていますから、そちらをご参照くださいますように！

それでは話を戻しますが、人間が一本のバラの花を見て美しいと思うような気持ちは、どのように説明されるのでしょうか？

感情と脳

生理学者　さきほど申し上げたような「知覚」の過程を経てヒトが一本のバラの花を認知した瞬間、その情報は「感情」や「情動」を司る脳辺縁系に送られ、そこで美しいとか触ってみたいといった欲求を抱くのです。

だからこそ、ヒトは、実際にバラの花弁を手に取ったり、匂いを嗅いだり、あるいは「綺麗だな」と声に出して表現するような「行為」に至るわけです。

会社員　なるほど……。外界の情報が感覚器官に入ってきて、我々が何らかの行動を起こすまで、そのように順序立てて説明されてみると、人間の「感情」というのも非常に単純な生理作用の一部にすぎないように思えてきますね……。

運動選手　いえいえ、そんなに単純な話じゃないと思いますよ。

ボクらアスリートを例に取ると、試合中に自分のミスを悔やんだり他の選手を気にしたりしていては自己ベストを発揮できませんから、常に自分の「感情」を制御できるようにイメージ・トレーニングを行っているのです。

でも、たとえば誰かを好きになったとき、胸が高鳴って、その相手のことで頭が一杯になって、いてもたってもいられないような気持ちになったときには、そのトレーニングもまったく役に立ちません。しかもこの気持ちは、一時的な「感情」とは違って、寝ても覚めてもずっと継続するのです。このことは、どう説明されるのでしょうか？

ロマン主義者　はは あ、君は恋しているんだな！　まさに、それこそが「恋」というものだよ。その気持ちを確かめたいんだったら、今すぐにこんなシンポジウム会場から飛び出して、相手の目の前で跪（ひざまず）いて、君の思いを正直に告白することだ！　そのとき初めて君は何が「恋」だったのかを……。

会社員　いや、そうではなくて、運動選手さんの好きな相手というのは……。

司会者　その「恋」についての話は、後ほどゆっくり伺う予定になっておりますので、それまでお待ちいただけますでしょうか。

ここでは、人間の脳の情報処理機能について、もう少し詳しくお話しいただきたいのですが……。

進化論者　脳と情報には、非常に興味深い関係がありましてね。一般に、ヒトが外界から受ける情報の八割は視覚、その次が聴覚によるものですから、情報の大部分は視聴覚から与えられているといっても過言ではありません。

進化論的に考えてみれば、「見る」と「聞く」という操作は、一定の距離を置いて対象を認知するという意味で、自己の安全を即座に脅かすものではなかったわけです。そこでこれらの情報は、最初に脳の新皮質に伝わって「客観的」に捉えることができたため、ここから飛躍的に高度な知性が生じたと考えられます。

一方、嗅覚・味覚・触覚に与えられる情報は、古い脳辺縁系に直接入力されます。刺激臭を嗅いで顔をそむける、腐敗した食物を口に入れて吐き出す、熱いものに触れて手を引っ込めるといった操作は、瞬間的な無条件反射として生じます。これらは、新皮質よりも先に「主観的」な感情を呼び覚ます運動で、他の動物にも共通した反応なのです。

条件反射

行動主義者　今のお話に出てきましたが、基本的にすべての動物は、先天的な反射作用を備えています。たとえばイヌの口に一切れの肉を入れると、唾液腺が「無条件反射」して唾液を分泌し、消化を開始しながら消化管から胃へと流し込みます。

ところが、生まれながらではなく後天的に与えられる「条件反射」も存在するのです。この大発見を行ったのが、一九〇四年に最初のノーベル医学生理学賞を受賞したロシアの生理学者イワン・パブロフでした。

大学生C　「パブロフのイヌ」で有名なパブロフですよね？　一般教養の心理学の講義に出てきたので、よく覚えています。

行動主義者　「心理学」ですって？　あなたの大学には、いまだに「心理学」と名前の付いた講義があるんですか？　実に嘆かわしいことだ……。

大学生C　嘆かわしいって、どうしてですか？

行動主義者　そもそも「心理学」(psychology) とは、人間の「心」(psycho) を研究対象とするため、一八七九年にライプツィヒ大学の哲学者ヴィルヘルム・ヴントが創始した学問でしたが、その方法は「内観」に基づくという古めかしいものでした。

大学生C　その「内観」とは何ですか？

行動主義者　ヴントの定義によれば、「自己の心的過程を自ら観察し記述すること」です。こう言うと難しそうに聞こえるかもしれませんが、要するに、毎日、何が嬉しかったとか悲しかったという自分の感情の移り変わりを日記のように書いて、そこから「心」の動きを読み取ろうとする方法です。これでは、科学というよりも文学に属する手法であることがおわかりになるでしょう。

この種の「内観心理学」を徹底的に批判したのが、ジョンズ・ホプキンズ大学の心理学者ジョン・ワトソンでした。一九一三年、ワトソンは、「行動主義宣言」と呼ばれる歴史的な講演を行い、私たちが研究すべきなのは「心」や「意識」のような主観的な対象ではなく、客観的な観察に耐えうる「行動」でなければならないと主張しました。

そしてワトソンは、パブロフの行っているような実証的研究こそが科学であり、過去の「心理学」は新たに生まれ変わって「行動科学」に移行しなければならないと宣言したわけです。

大学生C つまり、「心理学」という名称は古いということなのでしょうか？

行動主義者 そのとおりですね。すでに欧米の大学や研究機関では、従来の「心理学」という名称を「行動科学」(behavior science) に変更した学科や部署も多く見られます。

おそらく今後百年も経ったら、地球上から「心理学」という名称は消え去っていることでしょう。

社会心理学者 そのご意見はちょっと極端すぎませんか？ たしかに十九世紀の心理学の方法論にさまざまな問題があったことは認めますが、二十世紀以降の心理学は、実験心理学・臨床心理学・発達心理学・社会心理学・犯罪心理学・家庭心理学・スポーツ心理学などのように、多岐にわたる研究分野に分化して、立派な科学的研究成果を挙げています。逆に言うと、これらの細分化された応用部門を総合的に体系化する意味での「心理学」の必要性は、むしろ高まってきたとも考えられるくらいですから……。

司会者　学問の名称のお話は、また別の機会にお願いします。

ここでは、条件反射について、お話を続けていただけますか？

行動主義者　パブロフが条件反射を発見したのは、偶然の結果でした。もともと彼は生理学者ですから、イヌが食物の刺激に対してどのように反応するか、肉とミルクとパンのように異なる餌を与えたときに、それぞれ唾液と胃液の分泌量がどのように変化するかを研究していました。

ところが彼は、いつもイヌに餌を与える係の学生が部屋に入ってくるだけで、イヌの唾液腺が反応していることに気付いたのです。イヌが特定の人物を見て唾液を分泌することは生来の無条件反射とは考えられませんから、彼はこれを「条件反射」と名付けました。

この現象を再現するために、パブロフは、メトロノームの音を一分間聞かせた後に、イヌに餌を与えることを繰り返しました。その結果、イヌは、メトロノームの音を聞いただけで、餌を与えなくとも唾液を分泌するようになりました。つまりそのイヌは、メトロノームの音に「条件づけられた」わけです。

大学生C　でもそれはイヌの話ですよね。私は心理学の講義中にもずっと思っていたのですが、人間はそんなに単純ではないでしょう？

行動主義者　そう思いますか？　それでは、今ここで実験してみましょうか……。

想像してみてください。ちょうど今、あなたはマラソンを走り終えたばかりで、汗だくになって喉が渇ききっています。あなたの目の前に真黄色のレモンがあって、これをナイフで二つにカットして、果汁の湧き出ている切り口に噛(かじ)り付きました。そのあまりの酸っぱさに、あなたは身体中で震え上がりました！

さて、いかがですか？　あなたの唾液腺も刺激されたのではないでしょうか？

大学生C　あーん、たしかに唾液が出てきました！　なんか悔しいですが……。

リトル・アルバート実験

行動主義者　ワトソンによれば、行動科学の目的は、ヒトの行動の法則を発見し、ヒトが次に欲求する行動を予測し、その行動をコントロールすることにあります。

大学生A　そうなると、人間の「心」は研究対象ではなくなったのでしょうか？

行動主義者　いえいえ、必ずしもそうではないのですが、直接的な研究対象でなくなったという意味では、そのとおりです。
　ワトソンは、人間の「心的過程」とは、外界からの「刺激」に対する「反応」を生じさせる物理的状態だと定義しています。ここでいう「刺激」と「反応」は、たとえば「レモン」という言葉に対する「唾液」分泌の増加量や、特定の映像を見た場合の脈拍の変化のように、データを測定して物理的に数値化できますから、科学的な研究対象になりますね。これらを直接的に観察することによって、心的過程に何が生じたのかを理論化しようとしたわけです。
大学生A　人間の「行動」を観察して、そこから逆に「心」の変化を理論化するということですね。でもその方法では、「心」そのものは見えないのではないでしょうか？
行動主義者　いえいえ、そんなことはありません。それでは、具体例でご説明しましょう。
　一九一九年、ワトソンは、乳児の「恐怖心」がどのように変化するかを解明するために、後に有名になった「リトル・アルバート実験」を行いました。
　ワトソンと助手のロザリー・レイナーは、保育園にモルモットやウサギなどの小動物を連れて行って、これらの動物に最も「無反応で感情を表さない」赤ちゃんを探しました。

それが生後十一ヵ月のアルバートで、彼はどの動物を見ても無表情で、まったく泣かなかったため、被験者に選ばれたのです。

そこで実験が始まりました。まず助手のレイナーが、アルバートの目の前にモルモットを置きます。アルバートが興味を持って手を伸ばして、モルモットを撫でた瞬間、アルバートの後ろに立っているワトソンがスチール棒を叩いて「バン」と大きな音を立てます。アルバートは驚いて息をのみ、唇を震わせて泣き始めます。

しばらくしてアルバートが泣き止むと、再びレイナーが目の前にモルモットを置いて、同じことを繰り返します……。

カント主義者　どうもそのワトソンという学者は、少し頭がおかしいんじゃないかね？

そんなやり方で、主観判断することさえできない赤ん坊を脅かすとは、カントの「純粋実践理性の根本法則」にも完全に違反しておるじゃないか！

運動選手　その法則とは何でしたっけ？

カント主義者　「君の意志の格律が、いつでも同時に普遍的立法の原理として妥当するように行為せよ」ということだよ。

要するにだね、カントによれば、人は、自分が何か行動しようとするとき、それが普遍的な法となって、万人が同じ行動を取ってもよい場合に限って、その行動を取ってもよいのだ。逆に言えば、人は、自分の行動が普遍的な法であることを望まなければ、いかなる行動も行うべきではないのだ。

運動選手　つまり、自分がアルバートの立場だったらどうなのか考えてみろ、ということですよね？　それだったら、ボクも大賛成ですが……。

行動主義者　多少の犠牲は仕方がありません！　この「リトル・アルバート実験」によって、心理学に革命が起きたのですから！

ともかく、ワトソンとレイナーは、モルモットをアルバートに見せて、彼が触れた瞬間に大きな音を出すことを何度も繰り返しました。その結果、アルバートは、モルモットを見ただけで、音を出さなくとも泣きだすようになりました。つまり、モルモットを見れば泣くという条件づけができたわけですが、ここまでだったらパブロフのイヌと同じ条件反射実験にすぎません。重要な点は、この時点から始まります。

その後一ヵ月の間、ワトソンとレイナーは定期的に保育園を訪れて、アルバートに小動物を見せ続けました。すると、以前は何を見ても無表情で泣かなかったアルバートが、モルモット以外のウサギやイヌを見ただけでも泣きだすようになり、さらに、毛皮のコートや毛糸を見ただけでも泣きだすようになったのです。

この変化は、アルバートの脳内でモルモットに対する「恐怖心」の対象が広がったと考えなければ説明がつきません。つまり、ヒトの感情は一定の刺激と反応の結合を拡張させることが実証されたわけで、これこそがワトソンの予測した結果だったのです！

恐怖心とアドレナリン

カント主義者　実に馬鹿げた実験だ！　それでアルバートは、どうなったのかね？

行動主義者　ワトソンは、次の段階では、アルバートから恐怖心を取り除く実験に取りかかる予定でした。

会社員　恐怖心を取り除くって、どうやるんですか？

行動主義者　もちろん、恐怖心を与えた実験の逆を行うのです。

今度の実験では、アルバートの目の前にモルモットを置いて、彼が触れた瞬間に、キャンディを舐めさせたり、くすぐって笑わせたりして、幸福感を与えるようにします。この条件づけに成功すれば、モルモット以外のウサギやイヌ、さらに毛皮のコートや毛糸を見ただけでも、アルバートはクスクス笑いだすはずでしたが……。

司会者　それで、実際にはどうなったのですか？

行動主義者　残念なことに、何を見ても泣きだすようになった時点で、アルバートが行方不明になってしまったのです。これは両親が急にアルバートに保育園を辞めさせて引っ越したからで、彼らは誰にも行き先を告げなかったため、その後のアルバートがどうなったのか定かではありません。

会社員　それは酷いなあ。アルバートは小動物恐怖症にされたままじゃないですか！

精神分析医　たしかに非人道的な実験ですな。行動主義者は、人間を機械のようにしか思っていませんからな！

その種のトラウマが、いかなる恐怖心を与えるのか、どれだけ長い期間にわたって本人を苦しめるのかについては、その後の生育環境によって大幅な個人差が出てきます。

いずれにしても、その後のアルバートの人生で何よりも重要なことは、適切な時期に適切な精神分析を受けることだったでしょう。乳児期に歪められた彼の精神状態を正常に戻すには、それ以外に方法がありません。

行動主義者　何を言っているんですか！　あなた方の「精神分析」とか「夢判断」といった心理療法が心理学と混同されているおかげで、どれだけ我々の行動科学が世間に誤解されてきたことか……。

司会者　そのお話は、また別の機会にお願いします。

大学生Ａ　あの、質問してもよろしいでしょうか？　さきほどから私が理解できないのは、どうしてリトル・アルバート実験で「恐怖心」の拡張が確認されたと言えるのか、という点なのです。

アルバートは、モルモットの刺激で泣くように条件づけされて、その後、モルモット以外の小動物や毛の固まりを見てさえ泣くようになったということまではわかります。でも、どうしてそこから「恐怖心」そのものが拡張したと結論づけられるのでしょうか？

行動主義者　それは、なかなか鋭い質問ですね、お嬢さん。

これまでわかりやすく説明するために「恐怖心」という言葉を用いてきましたが、実は、それは「アドレナリンの増加」とまったく同じ意味なのです。

アルバートが大きな音に驚いたように、ヒトが外界から一定の刺激を受けると、副腎から血液中にアドレナリンが分泌されて、身体中を循環します。その結果、心臓の鼓動が速くなって身体中の筋肉が緊張し、手の平が汗ばむ一方で口の中は渇き、血圧が急激に変化して呼吸が荒くなります。そして、脳は、その場から逃げ出す行動を取るように身体に命令するのです。

大学生A　でもそれは、外界からの刺激を受けて「恐怖心」を感じたからこそ、その影響でアドレナリンが分泌されて、そのような身体の状態になったのではないですか？

行動主義者　いえいえ、そうではありません。「恐怖心」イコール「アドレナリンの増加」なのです！

アドレナリンは、哺乳類が共有する最も原始的なホルモンです。たとえばウサギがヘビに睨まれた瞬間、あるいはシカがライオンに見つけられた瞬間、身体には急激にアドレナリンが分泌されて、ヒトとまったく同じような緊張状態になって、即座に逃げ出します。

この刺激に対する反応について、「ウサギがヘビに恐怖心を感じた」とか「シカがライオンに恐怖心を感じた」と擬人化して表現することもできるでしょうが、実際の動物に「恐怖心」のようなものがありますか？

むしろ逆に伺いたいのですが、人間の「恐怖心」とは何か、身体変化や逃走欲求などの行動科学の概念を用いずに、明確に定義することができますか？

大学生A　人間の「恐怖心」とは、何かを恐ろしいと思うこと、傷つけられるのを怖がること……。うーん、同義語しか浮かばないし、たしかに難しいですね。何かから逃げ出したい気持ちだと、逃走欲求で説明することになってしまうし……。

行動主義者　ご理解いただけましたか？　要するに、ヒトの脳内で実際に生じているのは、一定の刺激に対するアドレナリン分泌量の増加という完全に物理的な反応なのです。もちろん、行動科学に到達する以前の心理学者は、この事実を知りませんでしたから、そのような脳の状態を「恐怖心」と名付けたまでのことです。

したがって、身体の物理的な状態を考慮に入れない「恐怖心」などという概念は、「愛」の概念と同じように、幻想にすぎないのです。

愛と化学物質

運動選手　なんてことだ！　それでは、さきほどお話ししたボクの「恋」も幻想にすぎないということですか？

行動主義者　まさにおっしゃるとおりですね。

厳密に医学生理学的な言語を用いるならば、「あなたは恋をしている」と言う代わりに、「あなたの脳内では、ドーパミンとノルアドレナリンの分泌量が増加し、セロトニンの分泌量が低下した状態にある」と表現しなければなりません。

運動選手　なんですって？

神経生理学者　その点については、私からご説明しましょう。

一九九六年から一九九九年にかけて、ラトガーズ大学の人類学者ヘレン・フィッシャー、アルバート・アインシュタイン医科大学の神経生理学者ルーシー・ブラウン、ニューヨーク州立大学ストーニーブルック校の心理学者アーサー・アーロンらが、恋愛中の大学生を対象に、血中ホルモン分析および脳スキャンに基づく大がかりな共同調査を行いました。その結果、彼らは、主として三つの化学物質が、いわゆる「恋愛感情」を引き起こしていることを発見したのです。

第一の化学物質は「ドーパミン」です。脳内ドーパミン濃度が上昇すると、集中力が高まって、思い入れが深くなり、いわば「胸が高鳴って」たまらない状態になります。一心不乱に相手のことを思いつめて、執拗に相手を求める一方で、要求が満たされないと不安になり、さらにドーパミンが分泌されるという循環が生じます。ドーパミンは、テストステロン値も上昇させますから、もちろん性的欲求の度合いも強くなります。

第二の化学物質は、ドーパミンから派生する「ノルアドレナリン」です。脳内ノルアドレナリン濃度が上昇すると、ヒトは一種の躁状態になり、「いてもたってもいられないような気持ち」になります。エネルギーに満ち溢れて活動的になる一方で、食欲は減退し、夜も眠れなくなります。ノルアドレナリンには、新皮質の記憶を刺激する作用がありますから、相手の行動を細かく思い出したり、一緒に過ごした時間を反芻して、その気持ちが「寝ても覚めてもずっと継続する」ような心理状態が生じます。

第三の化学物質は、セロトニンです。この物質は、脳内でドーパミンとノルアドレナリンの分泌量が増加すればするほど、化学的に反比例して減少します。脳内セロトニン濃度が低くなると、高揚感が高まって、強迫観念を抱いたり、白日夢にひたるような傾向が生じます。恋愛中の男女の調査によれば、起きている時間の九〇パーセント以上も相手のことを考えているという回答が出ていますが、いわば「その相手のことで頭が一杯になって」いるわけで、これはセロトニン濃度の低下に起因する状態だと考えられます。

行動主義者　ちょっと思い出していただきたいのですが、さきほど運動選手さんは、ご自分の気持ちを「胸が高鳴って、その相手のことで頭が一杯になって、いてもたってもいられないような気持ち」が「寝ても覚めてもずっと継続する」と描写されましたね。まさに、今の神経生理学的な説明がピッタリ当てはまるでしょう？

神経生理学者　ドーパミンとノルアドレナリンの分泌量は躁鬱症と深く関係していますし、逆にセロトニンの濃度低下は強迫神経症を引き起こすことがわかっています。実際に、強迫神経症の治療に用いられる「プロザック」や「ゾロフト」は、いわゆる「選択的セロトニン再取り込み阻害薬」でして、脳内セロトニン分泌を促進する薬ですからね……。

逆に言えば、「軽い躁鬱症と強迫神経症の合体した一種の中毒症状」こそが「恋愛」だということになります。もちろん、それがどれだけ重症になるのかについては、いろいろと個人差があるでしょうが……。

会社員　いやあ、驚きました。私も以前から、恋愛は中毒のようなものだとは思っていましたが、まさか本当にそうだったとは……。ということは、中毒症状の継続する期間も決まっているということでしょうか？

神経生理学者　その点についても個人差はありますが、一般に強い恋愛感情が継続する期間は、最長でも十二ヵ月から十八ヵ月の間だという調査結果が出ています。

この期間を過ぎると、脳内のドーパミンとノルアドレナリンの分泌は正常値に戻り、それと同時にセロトニンの取り込み阻害も減少します。

たとえば交際を始めた当初は、デートの前日から心臓の鼓動が速くなるような相手であっても、十八ヵ月を過ぎた頃には、その相手と実際に会ってさえ、心臓の鼓動に変化はなくなっているはずです。

イギリス文学者　ですから申し上げたじゃないですか！「愛」とは儚いものなのですよ……。

2　カーネマンの行動経済学

運動選手　それにしても、人間の「心」というものを、外界の「刺激」に対する「反応」としてとらえるという発想そのものが、ボクには何かズレているようにしか思えないのですが……。

行動主義を確立したワトソンだって、学問的にはそのように考えたとしても、実生活では、普通に人を好きになったり、恋をしたこともあったわけでしょう?

急進的フェミニスト　たしかにワトソンは結婚していましたが、それにもかかわらず、平気で浮気をするような男性中心主義者でしたよ!　しかもその浮気相手というのが「リトル・アルバート実験」を手伝った助手のロザリー・レイナーだったのだから、信じられない話でしょう!

もし現代だったら、ワトソンの行動は、セクシュアル・ハラスメントにアカデミック・ハラスメント疑惑も加えて、ワイドショーや週刊誌が大騒ぎしたでしょうね。彼の浮気が発覚した一九二〇年当時の『ボルティモア新聞』でさえ、大学教授と助手の不倫を第一面で報道したくらいなのだから……。

行動主義者　ちょっとお待ちください!　たしかにワトソンとレイナーが一緒に研究していくうちに恋に落ちたことは、ワトソン自身も認めています。

ですから彼は、奥さんに謝罪したうえで十分な慰謝料を支払って離婚し、その後はレイナーと結婚して、彼女が亡くなるまで一緒に暮らしたわけですから、それをハラスメントというのは一方的すぎるでしょう。

急進的フェミニスト　いいえ、そんなことはありません！　そもそも奥さんがワトソンの浮気に気づいたのは、ワトソンがレイナーとの性行為の最中、彼女の心拍数や脈拍の変化を計測して詳細に記述したノートを見たからでした。

すなわちワトソンは、自分の助手をモルモットのように扱っていたわけです。これがハラスメントでなくて、何だとおっしゃるつもりなのかしら？

行動主義者　情報をハッキリ確認してから発言していただきたいものですね！　そのノートの話は、当時の「噂」として広まったものですが、どこにもそんな具体的証拠はありません。おそらくワトソンが行動主義者だということから、彼を陥れようとする人物が悪意をもってでっち上げた作り話でしょう。

しかもレイナーは、一九二一年にワトソンと結婚した後にも一緒に研究を続け、一九二八年には『幼児と児童の教育心理学』という共著論文を書いているくらいですから、彼女がワトソンからハラスメントを受けたとか、モルモット扱いされたわけがないじゃないですか！

仮に百歩譲ってノートの話が真実だとしても、それはワトソンの純粋な研究心の表れにすぎないでしょう。たしかに彼はヒトの性行為が脳に与える影響も研究対象にしていましたから、もしかしたら性行為の最中の生理的変化を測定するようなことがあったかもしれない。ただし、もちろんそれはレイナーの合意に基づく実験だったに違いありません。

逆に、仮にそのようなノートが存在したとすれば、そのノートを盗み読みした奥さんにも非が生じることにはなりませんか？　いかに夫婦とはいえ、本人の承諾なしにノートや日記、現代で言えばパソコンや携帯電話の情報を盗み見るという行為は、道徳的に許されることではないはずです。

急進的フェミニスト　いずれにしても、ワトソンの浮気が原因で夫婦が離婚したことに変わりはありません。男性の身勝手な不倫のために、世界中でどれだけ多くの女性が傷つけられ苦しめられ虐げられてきたことか！　ワトソンがジョンズ・ホプキンズ大学をクビになったのも、当然の報いです。

会社員　えっ、浮気が原因で、ワトソンは大学をクビになったのですか？

行動主義者　レイナーとの不倫騒動が新聞に報道されたために、ワトソンが大学を辞職したことは事実です。

なにしろジョンズ・ホプキンズ大学の位置するメリーランド州といえば、アメリカ合衆国の中でも敬虔なキリスト教徒の多いことで知られる地域ですからね。一九二〇年代では、大学教授と助手の不倫というだけでも社会的な大問題でした。

しかも、ワトソンは二十九歳の若さで教授になり、三十八歳以降はアメリカ心理学会会長を務めるなど学界でも大活躍していたため、行動主義を神への冒瀆とみなす学問上の敵に加えて、彼の業績に嫉妬して足を引っ張るような同僚もいました。このような環境に嫌気がさして、ワトソンは、大学の世界そのものから去ったのです。

心理学と広告

会社員　それでワトソンは、引退して余生を過ごしたわけですか?
行動主義者　いえいえ、とんでもない。大学退職時に四十二歳だったワトソンは、ニューヨークの友人の広告会社に入社しました。そこで彼は、行動科学を応用した広告で次々とスポンサーの売り上げを倍増させ、大学時代の何倍もの年収を得るようになり、最終的には会社の副会長にまで登りつめるという大成功を収めたのです!
会社員　あははは、それはおもしろい。実業界では、何よりも成功第一ですからね。それでワトソンは、どんな広告を制作したのでしょうか?
行動主義者　おそらく最もよく知られているのは、彼が担当した「マックスウェル」の広告でしょう。当時は、コーヒーの宣伝といえばコーヒー豆の絵くらいしかなかった時代ですが、ワトソンは、さまざまな職場の人々がコーヒーを飲みながら休息している写真を印象的に用いて、その下に「コーヒー・ブレイク」という文字を入れる手法によって、これを大衆に条件づけました。

この広告を何度も見ているうちに、大衆は「ブレイク」(一休み)しようとすると、条件反射的に「コーヒー」を連想するようになり、インスタント・コーヒーの売れ行きが爆発的に増えて、マックスウェルの発売元は一大企業に成長したわけです。

会社員 そうだったんですか。その種のイメージを用いる宣伝方法は、今でもいろいろな広告に用いられていますね。

私が学生だった頃、エネルギーのはち切れそうな若い男女が海で楽しそうにふざけあっていて、いったい何の宣伝なのかと思っていると、最後に「コカ・コーラ」が出てくるコマーシャルがありましてね。あれは印象的だったなあ……。

その頃の私はコークばかり飲んでいましたから、今思えば、あのコマーシャルに感化されていたわけですね。

行動主義者 そうかもしれませんね。もともと企業が広告に莫大な費用をかけているのは、それによって実際の売り上げが莫大に増加するからです。とくに現代社会ほど情報過多でなかった時代のテレビ・コマーシャルは、今からはとても想像がつかないほど効果的でした。

ワトソンが広告業界に入った時代は、新聞や雑誌の写真広告が主流でしたから、何よりも大切なのは、その広告に読者の目を留めさせることでした。もし読者がその広告を読まずにページをめくってしまえば、どんな広告も意味がありませんからね……。

会社員　なるほど……。それで広告が、どんどん派手になっていったわけですね？

行動主義者　そのとおりです。ワトソンは、現代に比べれば遥かに風紀の厳しかった一九四〇年代から五〇年代のアメリカで、可能な限り肌を露出させた女優が乗用車に乗り込む場面や、筋骨逞しい男優が馬に乗って駆けている場面の写真を使って、広告に消費者の目を釘づけにしました。

これらの写真は、乗用車や香水といった宣伝商品そのものとは、まったく関係がないのですが、何度も見れば見るほど、脳内では同時に条件づけられます。つまり消費者の脳内には、その乗用車を買えば女優もついてくるような、あるいは、その香水を使えば男優を惹きつけられるような、一種の錯覚が生じるわけです。その結果、彼らは、いつのまにか催眠術にかかったように、広告の乗用車や香水に手を伸ばすという仕組みでして……。

国連実験

行動経済学者　実に興味深いお話ですね。仮に二つの商品があって、商品Aは商品Bよりも性能が高いのに値段は安いとしましょう。かつての経済学においては、消費者は利益を最大化する「合理性」に基づいて意思決定することを暗黙の前提としていましたから、もちろん商品Aの方が売れるに違いないと予測してきたわけですが、現実世界では必ずしもそうなるとは限りませんからね……。

企業の大掛かりなコマーシャルや販売戦略の影響、あるいは消費者自身の認知バイアスや感情的な要因による「不合理性」を考慮に入れなければ、真の経済学には到達できないのです。このことを明らかにしたのがプリンストン大学の心理学者ダニエル・カーネマンでして、彼こそが心理学と経済学を融合させた「行動経済学」の創始者でした。

ロマン主義者　「行動経済学」だって？　まったくロマンを感じさせない胡散臭い名称だなあ……。

行動経済学者　何をおっしゃるんですか！　二十一世紀以降の経済学は、行動経済学の成果を取り入れなければ成立しません。最近の経済学界で出版される論文や書籍も、「行動ファイナンス理論」や「限定合理性」といった行動経済学の概念に基づく研究成果が主流になってきています。
カーネマンは、とくに不確実な状況における人間の意思決定が、「効用」ではなく「効用の変化」に基づき、損失回避を優先する傾向の強いことを示す「プロスペクト理論」を完成させて、二〇〇二年にノーベル経済学賞を受賞しました。

司会者　さきほど、カーネマンは心理学者だとおっしゃいませんでしたか？

行動経済学者　たしかに、彼の学位はすべて心理学の業績に拠るもので、カーネマン自身「一度も経済学の授業を受けたことがない」と述べているくらいですから、従来の意味での経済学者ではありませんね。

逆に考えると、それほど遊離していた心理学と経済学という学問分野を融合し、とくに行動心理学の実験的手法を経済学に組み込んで体系化させた点に、カーネマンの独創性があったとも言えるでしょう。

彼は、一九七四年、スタンフォード大学の心理学者エイモス・トヴェルスキーと共に「不確実な状況下での判断──ヒューリスティックスとバイアス」という記念碑的論文を『サイエンス』誌に発表しました。この論文が現在の行動経済学の基礎となったわけでして、当然トヴェルスキーも一緒にノーベル賞を受賞できたはずなのですが、彼は一九九六年に病死したため、惜しくも受賞できませんでした。

科学主義者　ノーベル財団の内規によれば、ノーベル賞は故人には贈らないことになっていますからね。しかし、本来のアルフレッド・ノーベルの遺志が人類の進歩に貢献した偉大な研究成果に対する授与であったことを考えると、必ずしも受賞者の生死に拘る必要もないようにも思えますが……。

生理学者　私もそのご意見に賛成です。ただし、二〇一一年にノーベル医学生理学賞を受賞したロックフェラー大学のラルフ・スタインマン教授のように、正式発表の三日前に亡くなっていたにもかかわらず、特別に授与されたような例もありますが……。

科学主義者　そのケースは、実に不可解でした！　といっても、私はスタインマン教授の受賞に水を差すつもりはないのですが、これまでのノーベル賞受賞者の話によれば、ノーベル財団は、正式発表の直前に本人に直接電話で連絡してきて、本人の生存を確認したうえで、受賞の意思を確認するのが慣例なのです。

そこで、スタインマン教授のケースでは、誰がどのようにしてノーベル財団からの電話連絡を受けたのかが大きな謎になるわけでして……。

生理学者　そう言われてみれば、たしかに奇妙ですね。亡くなっている本人が電話に出るはずはないし、本人に近い関係者であれば本人が死亡した事実を知っていたはずだし……。

司会者　そのお話は、また別の機会にお願いします。
　ここでは、カーネマンとトヴェルスキーの論文について話を続けていただきたいのですが、なぜそれが「記念碑的」だったのでしょうか？

行動経済学者　なぜなら、彼らがその論文で、人間の意思決定に信じがたいほどの「不合理性」が潜んでいることを、実験的に明確に立証したからです。その原因となるのが、人間の持つさまざまな認知バイアスなのです。

運動選手　さきほどから気になっていたのですが、その「認知バイアス」というのは何ですか？

行動経済学者　一般に「バイアス」とは統計上の「偏り」や発言上の「偏見」を意味する言葉ですが、とくに「認知バイアス」という場合には、人間が何かを認知する際の「先入観」を指すとお考えいただければよいでしょう。
　カーネマンとトヴェルスキーは、論文で人間の持つさまざまな認知バイアスを詳細に分析したのですが、その中でも注目を浴びるようになったのが、「アンカリング」と呼ばれるバイアスでした。

司会者　その「アンカリング」とは、どのような意味ですか？

行動経済学者　もともと「アンカー」とは船の「錨」のことで、「アンカリング」は船を港の岸壁に「係留」することを意味します。これを消費行動に当てはめてみると、消費者が何らかの数値に繋ぎ止められたうえで、意思決定をくだす状況を指すことになります。

たとえば、「定価五千円」と表示した商品を販売するよりも、「定価一万円の半額セールで五千円」と書いた値札を貼って販売する方が効果的なことはおわかりでしょう。単に定価を示す前者に比べて、後者は「一万円」がアンカーの役割を果たして、その半額で手に入る商品が非常に「買い得」だというイメージを消費者に与えるわけです。

カント主義者　そんなことは、世界中の商売人が遥か古代から繰り返してきた商売の常套手段じゃないか！　そんな研究でノーベル賞を貰えるんだったら……。

行動経済学者　いえいえ、カーネマンとトヴェルスキーは、単にアンカリングのような認知バイアスが存在することを示しただけではありません。彼らは、そのようなアンカリングが、ランダムな数値に対して生じることを実験的に証明したのです！

司会者　つまり、人間はランダムな数値によって影響を受けるということですか？

行動経済学者　まさに、そのとおりです。そのことを立証したのが「国連実験」でした。

カーネマンとトヴェルスキーは、大学の教室に一から一〇〇までの数字のあるルーレットを持ち込み、学生の目の前で回して見せました。「一〇という数字が出ました。さて、国連にアフリカ諸国が占める割合は、一〇パーセントよりも高いか低いか、どちらでしょうか」と尋ね、そのうえで「国連にアフリカ諸国が占める割合は何パーセントだと思いますか」と問いかけたのです。

実はルーレットには仕掛けが施されていて、数字は一〇か六五のどちらかで止まるようになっていました。といっても、これは結果を分析しやすくするためであって、見ている大学生たちは、ルーレットの数字はランダムだと認識していたことが重要な点です。

この実験をさまざまなクラスで繰り返した結果、ルーレットが一〇で止まったクラスの学生は、国連にアフリカ諸国が占める割合は平均二五パーセントだと推定したのに対して、ルーレットが六五で止まったクラスの学生は、平均四五パーセントだと推定したのです。

司会者　ちょっとお待ちください。国連にアフリカ諸国が占める割合は何パーセントが正解なのですか？

行動経済学者　現時点で国連に加盟している一九二の国と地域のうち、アフリカ諸国に相当するのはマダガスカルとカーボヴェルデを含めて四五の国と地域ですから、国連にアフリカ諸国が占める割合の正解は約二三パーセントになります。

ただし、カーネマンとトヴェルスキーの実験に参加した大多数の大学生は、このような正解を知りませんでしたから、勘に頼って答えるしかなかったわけです。しかも彼らは、ルーレットの数字に何の意味もないことを知っていたわけですから、本来であれば、ルーレットが一〇で止まったクラスでも六五で止まったクラスでも、彼らの推定値に大きな変化は出ないはずです。ところが、実際の推定値は、平均二五パーセントとその二倍近い平均四五パーセントと、統計的にも有意に異なるという驚くべき結果が生じたのです。

司会者　つまり、一〇と六五というランダムな数字がアンカーとなって、大学生たちの推定に影響を与えたということですね。たしかに興味深い実験結果だとは思いますが、それが現実世界で大きな影響を与えることはあるのでしょうか？

マクドナルド訴訟

行動経済学者　それでは、アンカリングがどれほど莫大な効果をもたらすか、実際にアメリカで起こった事件についてお話ししましょう。

一九九二年二月二十七日の朝、ニューメキシコ州アルバカーキのマクドナルドのドライブスルーに、一台のフォード車が停車しました。助手席に座っていたのがステラ・リーベックという当時七十九歳の女性、運転していたのは彼女の孫で、ステラは四九セントのコーヒーを購入して窓口から受け取りました。

ドライブスルーを出た後、ステラがコーヒーに砂糖とクリームを入れたいと言ったので、孫は車を路肩に寄せて停めました。そして、ステラがコーヒー・カップを膝の間に挟んで蓋を開けた瞬間、カップを自分の方に向けて、ひっくり返してしまったのです！

大学生C　それって最悪！　私もグラスをひっくり返して下半身が冷たいジュースまみれになったことがありますけど、あれが熱いコーヒーだったらと思うとゾッとしますね……。

行動経済学者　ステラはコットン製のスラックスを穿いていたため、カップのコーヒーが一滴残らず吸収されて、その猛烈な熱さに悲鳴を上げたそうです。彼女の孫は、すぐに車を飛ばして近くの病院に向かいました。その結果、彼女は大腿部・股間・臀部に第三度の火傷を負って手術が必要となり、総治療費は一万一千ドルに達しました。

司会者　その第三度の火傷というのは、どの程度重症なのですか？

生理学者　ヒトの皮膚は「表皮・真皮・皮下組織」の三層から構成されています。第三度の火傷といえば、損傷が皮下組織にまで及んでいるケースを指しますから、治療には皮膚移植が必要になるわけで、その意味では、かなりの重症と言えます。

行動経済学者　彼女にとっては、大きな災難だったと言えるでしょうね。

そこで退院したステラは、この火傷は「マクドナルドのコーヒーが熱すぎた」ことが原因だと主張して、マクドナルドに治療費と慰謝料を含めて二万ドルを請求したのです。

会社員　えー？　いくらなんでも、それは難癖じゃないですか？　だって彼女は、自分で勝手にコーヒーをこぼしただけでしょう？

行動経済学者　日本のように自己責任を重視する文化圏では、このような場合でも自業自得だと黙って我慢する人が多いのかもしれませんが、なにしろアメリカは訴訟社会ですからね……。

ステラの請求に対して、マクドナルド側は「当社の責任は認めないが、お見舞料として八百ドルを提供する」と答えました。

会社員　難癖でも何でも言ってみるものですね。そんなことで八百ドルも貰えるのなら、よかったんじゃないですか。

行動経済学者　いえいえ、とんでもない。このマクドナルドの態度に逆に憤慨したステラは、損害賠償請求訴訟を起こすことにしたのです。

彼女の弁護を引き受けたのは、一九八六年に同じようにマクドナルドのコーヒーで第三度の火傷を負った女性の弁護を引き受けて、二万七千五百ドルの賠償額を勝ち取った経歴を持つリード・モーガン弁護士でした。もっとも、その訴訟では、コーヒー・カップをひっくり返したのはマクドナルドの従業員でしたが……。

ステラの裁判が始まると、モーガンはマクドナルドの品質管理担当者から「マクドナルドのコーヒーは、通常摂氏八二度から八八度の温度で提供することになっている」という証言を引き出し、これが同業他社の販売するコーヒーの温度よりも高いことを提示しました。つまり、「マクドナルドのコーヒーが熱すぎた」というステラの主張は、ほんの僅か数度ではあっても、同業他社に対しては成立することを立証したわけです。

次にモーガンは、高齢の婦人が痛い思いをして皮膚移植し、一万一千ドルの治療費を支払わなければならなかった大火傷に対して、いかにマクドナルド側の態度が冷淡なものだったか、わずか八百ドルという見舞料がどれだけ婦人の心を傷つけたかを陪審員に訴えました。

会社員　いやはや、私の会社でもクレーマーの顧客を相手にすることがありますが、その弁護士のクレームというか屁理屈もすごいものですね！

アンカリング効果

行動経済学者　驚いていただくのは、これからですよ。

原告側と被告側双方の主張と証言を聞いた陪審員は、四時間以上かけて審議した結果、マクドナルド側に責任を認め、二八六万ドルの損害賠償を命じる評決をくだしたのです！

会社員　なんですって！　二八六万ドルというと、当時の五億円近い金額じゃないですか！

大学生C　信じられない！　どういう理屈で、そんな金額が出てきたんですか？

行動経済学者　それがさきほどからお話ししているアンカリングの効果ですよ。

過去の判例では、マクドナルドの従業員がコーヒー・カップをひっくり返したために顧客が第三度の火傷を負ったケースでさえ、二万七千五百ドルの賠償でした。ですから、このケースを基準に考えれば、自分でコーヒー・カップをひっくり返したステラへの賠償は、どう考えてもその額を下回るに違いありません。

そこでモーガン弁護士は、過去の判例には触れず、まったく異質なアンカリングを用いました。まず彼は、「マクドナルドのコーヒーが熱すぎた」ことが同業他社に対して成立している以上、マクドナルドには責任があり、懲罰的損害賠償を支払わせるべきだと陪審員を説得しました。それでは、その賠償額として、幾らが妥当なのか？　ここでモーガン弁護士は、「マクドナルド全店のコーヒーの売上高」を基準にしてはどうかと提案したのです。

会社員　それは変な話だなあ！　いったいどこから「マクドナルド全店のコーヒーの売上

高」が関係してくるのかわからないんですが……。

行動経済学者　それが実に巧妙なアンカリングなのですよ。マクドナルドは熱すぎるコーヒーで老婦人を傷つけたのだから、そのコーヒーの売上高の一日分か二日分ぐらいは提供してもよいではないか、しかも多国籍事業を展開する大企業なのだから、懲罰の意味を込めて高額でもよいではないかという論法が、陪審員たちに植え付けられたわけです。

後で漏れてきた話によれば、陪審員たちの四時間以上に及ぶ審議では、そもそも本当にマクドナルドに責任があるのか、なぜ「マクドナルド全店のコーヒーの売上高」が基準になるのかといった本質的な問題については、ほとんど議論されなかったそうです。

あくまで彼らに白熱した議論を生じさせたのは、懲罰的損害賠償として「マクドナルド全店のコーヒーの売上高」の「何日分」を命じるべきか、という問題でした。しかも、ある陪審員が一週間分だと言い張って譲らず、それでは賠償が一千万ドル近くになって、いくらなんでも高すぎるではないかと皆で説得し、ようやく「二日分」という結論で合意したそうです。

全世界の「マクドナルド全店のコーヒーの売上高」は一日に約一三五万ドルですから、二日分で二七〇万ドルになります。陪審員は、この懲罰的損害賠償額に、医療費・経費等の補償的損害賠償一六万ドルを加えた合計二八六万ドルをステラに支払うようにマクドナルドに命じる評決をくだしたわけです。

大学生C　信じられない評決ですね。それでマクドナルドは五億円を支払ったんですか？

行動経済学者　いえいえ、もちろんマクドナルド側は評決を不服として控訴しましたが、ステラが八十一歳になった時点で両者は和解しました。和解額は公表されていませんが、六五万ドル近いものだったと言われています。

大学生C　それだって、すごい金額！　アンカリングがどんなに不合理な結果を導くのか、ビックリを通り越して、恐ろしくなってきますね！

3　二重過程理論と不合理性

法律学者　ちょっと忠告しておきますが、「ステラ・リーベック裁判」は、元フットボールのスタープレーヤーが前妻とそのボーイフレンドを殺害した容疑で起訴されたにもかかわらず陪審員が無罪評決をくだした「O・J・シンプソン裁判」と同じくらい、アメリカでは悪評の高い判例であることをお忘れなく！

とくに、この種の判例から、陪審員は感情に流されやすいとか、マスコミ報道や弁護士や検察官のパフォーマンスに騙されやすいとか、評決に一貫性がないなどといった陪審制度と参審制度そのものへの批判が生じることもあるようですが、これらは多数の公正な判例のほんの僅かな特殊例にすぎないことを認識していただきたいものですな。

行動経済学者　おっしゃる意味は、よくわかります。私も一般市民が司法に参加することの重要性はよく認識しているつもりなのですが、量刑や賠償金額まで一般市民が決定することには、疑問があるのではないでしょうか？

法律学者　いえいえ、陪審制度と参審制度では、単に有罪か無罪かの「事実認定」ばかりでなく、公序良俗の見地から市民感覚によって「懲罰の度合い」を定めることにこそ、重要な意義があると考えられるのです。

大学生A　そういえば、日本の裁判員制度でも、量刑を決めなければならないんですよね。裁判員制度は、ちょうど私が二十歳になった二〇〇九年から始まったので気になっているんですが、毎年年末になると、もしかして裁判員候補者名簿の記載通知が届くかもしれないと思ってドキドキしてしまうんです。

私は死刑に反対の立場なので、もし凶悪犯罪の裁判で死刑判決をくださなければならなくなったとき、どうすればよいのか悩んでしまうものですから……。

大学生C　私はA子みたいに心配性じゃないですから、裁判員に選ばれても平気だし、凶悪犯罪を起こした被告人に死刑を言い渡すことも状況によってはやむをえないという心構えもできているんですが、それよりも心配なのは、評議の内容を喋ってしまいそうなことなんです。

もともと私はすごくお喋りですから、裁判員の間で何が議論になったのか、事件の認識にどのような食い違いがあったのか、量刑を決めるときにどんな意見の対立があったのかとか、きっと誰かに喋りたくなると思うし、それができないとなると、猛烈なフラストレーションを感じると思うんです。

職務上知りえた事件の関係者のプライバシーについても守秘義務が課せられていますが、これだってついポロっと誰かに喋ってしまいそうで、しかもそれが発覚したら訴えられるそうなので、その方がずっと心配で……。

司会者　そのお話は、また別の機会にお願いします。

ここでは、アンカリングの話を続けてくださいますか？

ブーメラン効果

行動経済学者　カーネマンは「陪審員はアンカリングの影響を受けすぎるので、彼らに賠償額を定めさせるべきではない」と述べています。やはり私も量刑や罰金については、過去の判例を詳細に理解している裁判官の冷静な判断に基づくべきだと思います。

この問題に関連して、ニューイングランド大学の心理学者ジョン・マルーフとニコラ・シュッテが一九八九年に行った実験の結果をお話ししましょう。

この実験は、実際に起こった交通事故の報告書を四つのグループの模擬陪審員に見せて、そこから評決を導いてもらうというものでした。交通事故を起こした被告人は、自分に非があることを認めており、すでに五万ドルの賠償額を提示しています。一方、重傷を負ってそれに満足しない被害者の原告側の要求は、①一〇万ドル、②三〇万ドル、③五〇万ドル、④七〇万ドルだったと、この部分だけ異なる数値が四つのグループに与えられました。

この実験に参加した被験者は、全員がまったく同一の事件について同一の報告書に基づいて判断するわけですから、もし彼らが何らかの「合理的」な賠償額を算出できるのであれば、原告側の請求額にかかわらず、ほぼ似たような賠償額が評決されるはずです。

ところがその実験の結果は、請求額が異なるだけで、賠償額が四倍以上も変化するという驚くべきものでした。つまり被験者は、原告側の請求額というアンカリングの影響を強く受けていることが立証されたのです！

マルーフとシュッテは、同じ実験を何度も異なる被験者に行いましたが、彼らの評決は、請求額の数値に比例して高くなっていくことが確認されました。原告の請求が一〇万ドルと知らされたグループは平均して九万三三三ドル、七〇万ドルだと知らされたグループは平均して四二万一五三八ドルの賠償という具合に、評決の賠償額は、きれいに右肩上がりに高くなっていったわけです。

会社員　原告側の請求額が高ければ高くなるほど、被験者の認める賠償額も高くなっていったということですね。ということは、もしその実験で一〇〇万ドルという請求額が示されたら、賠償額も五〇万ドルくらいに増えたのでしょうか？

行動経済学者　それは興味深い点にお気づきになりましたね！

実はマルーフとシュッテが最大値を七〇万ドルに抑えたのは、「ブーメラン効果」を考慮したためでした。これは法廷心理学で使われる用語なのですが、原告や弁護士があまりにも極端な金額を請求すると、逆に彼らの人間性が疑われて、正当な賠償額さえ認められない評決の出る可能性があるということです。ちょうどブーメランが投げた本人のところに戻ってきて頭に当たってしまうことがあるように、本人にマイナス効果をもたらすこともあるということです。

会社員　なるほど、それはおもしろい。あまりにも法外な要求だと、かえって裁判官や陪審員の心証を悪くするわけですね……。

認知科学者　いえいえ、必ずしもそうとは限りませんよ。

一九九六年にイリノイ大学の心理学者グレッチェン・チャップマンとブライアン・ボーンスタインが行った実験では、ある若い女性が薬害で卵巣ガンになったという架空の損害賠償請求訴訟に対して、被害者の原告側の要求は、①一〇〇ドル、②二万ドル、③五〇〇万ドル、④一〇億ドルだったと、大幅に異なる数値が四つのグループに与えられました。

会社員　それはまた、極端な数字ですね……。最高値の一〇億ドルといえば当時の金額で一千億円近くですから、薬品会社を丸ごと買い取れそうな金額じゃないですか！　ということは、ブーメラン効果によって、このグループは逆に低い賠償額しか認めなかったはずですね。

認知科学者　ところが、そうではなかったのです！

各グループの評決額は、①一〇〇ドル請求に対して九九〇ドル、②二万ドル請求に対して三万六千ドル、③五〇〇万ドル請求に対して四四万ドル、④一〇億ドル請求に対して四九万ドルで、ブーメラン効果は認められませんでした。結果的には、最高値の一〇億ドルを請求した場合が、評決額も最も高かったわけです

会社員　驚きましたね。ふっかければふっかけるほど、得をするというわけですか……。

認知科学者　まさにチャップマンとボーンスタインの論文は「ふっかければふっかけるほど得」という題名でした。

とはいえ、この種の実験は他にも何種類も行われていますが、ブーメラン効果が生じるか否かの結果はまちまちで、安易に結論を出すわけにはいきません。とくに実際の評決には、さまざまな要因が複雑に絡み合っているため、いつブーメラン効果が起こるのかはわからないというのが正直なところです。

会社員　それにしても、アンカリングの威力はすごいですね。マルーフとシュッテの実験にしてもチャップマンとボーンスタインの実験にしても、請求額によって評決額が大幅に影響を受けていることは明らかじゃないですか！

その一方で、ブーメラン効果が起こりうるということもよく理解できます。どうもこれは、我々が会社で「概算見積」を出す状況と似ていますね。高すぎる見積書では相手にされないし、かといって安すぎる見積書を出しても、実費が予算オーバーすると相手から叩かれるし……。

行動経済学者　おっしゃるとおり、私たちが実生活で目にする「セール価格」や「希望小売価格」はもちろん、「先着一〇名様」とか「在庫残り五個」といった数値も、すべてアンカーなのです。

いったんこれらの数値が頭に入ると、その後の交渉や意思決定は、すべてそのアンカーを軸として回転するようになります。そのうえ、カーネマンとトヴェルスキーの国連実験でも明らかになったように、それがランダムな数値であってさえ、大きな影響を与えるのです。

刷り込み

司会者　不思議ですね。なぜ私たちは、それほどまでにアンカリングの影響を受けるのでしょうか?

行動経済学者　それは一種の「刷り込み」が原因ではないかと考えられています。といっても、ここから先の話は私の専門外なのですが……。

動物行動学者　それでは私からご説明しましょう。一般に「刷り込み」とは、短時間に与えられた特定の記憶が長時間にわたって個体に影響を与える一定の「学習」を指し、さまざまな動物の行動に観察されています。

「刷り込み」の存在を最初に発見したのは、マックス・プランク行動生理学研究所の動物行動学者コンラート・ローレンツでした。彼は、ハイイロガンの卵をガチョウに孵化させせたところ、生まれてきたヒナがガチョウの後をついて歩き、その後もガチョウを母鳥と認識し続けることに気づきました。

　さらに驚いたことに、ローレンツが人工孵化させた卵から生まれたハイイロガンのヒナは、ローレンツを母鳥だと思い込んで後を追いかけるようになったのです。そこで彼は、ヒナを抱いて寝て、一緒に散歩させて、池で泳ぎを覚えさせなければなりませんでした。

大学生A　その話、ローレンツの『ソロモンの指輪』という本で読んだのですが、微笑ましくて笑ってしまいました。彼は、どんな動物とも会話のできる伝説のソロモン王の魔法の指輪に憧れていたんですよね。

動物行動学者　ええ、ローレンツは幼い頃から大の動物好きで、次から次へといろいろな種類の動物を家に持ち込みましたが、彼の両親は一度も叱ったりせず黙って見守ってくれたそうです。父親がウィーン大学医学部の教授でしたから、子供が生物に関心を持つことが嬉しかったのかもしれませんね。

　ローレンツが結婚して奥さんを迎えた頃には、彼の家は動物園のようになっていました。庭ではオウムやワタリガラスが飛び回り、家の中には「ローレンツ・アクアリウム」と呼ばれる巨大な水槽があって、さまざまな魚類や甲殻類が別世界を形成し、オマキザルやマングースキツネザルが部屋の中に棲息していました。

ローレンツの奥さんは、生まれてきたお嬢さんを放し飼いの危険な動物たちから守るために、巨大な檻に入れて庭に置いたという有名な逸話があります。

会社員　あははは、動物ではなくて、人間の方を檻に入れたということですか？

動物行動学者　ええ、その檻に入れられて育ったお嬢さんも、後に立派な動物行動学者になりましたがね……。飼っている動物が多すぎたので、檻に入れたくても入れられないという事情もあったでしょうが、基本的にローレンツ一家は、動物との共同生活を楽しんでいたのです。

ある日、ローレンツが出かけている間に、グロリアという名前のメスのズキンオマキザルが、大騒動を引き起こしたことがありました。グロリアは、書斎の書棚の鍵の保管場所を探し当てて、小さな鍵を鍵穴に差し込んで扉を開き、ローレンツが大切にしていた高価な医学書二冊をズタズタに引き裂いて、水槽のイソギンチャクの上にバラバラに撒き散らしたのです。

このイタズラに対して、ローレンツは怒るどころか、これほど綿密な計画性に基づいたグロリアの行動は「賞賛に値する」と褒めています。もっとも、その後に「いささか高くついたが」と述べてはいますがね。

ともかく、彼の動物への愛情は、何があっても止まることがありませんでした。別の日に、グロリアが電気スタンドを水槽に突っ込んでショートさせたときなどは……。

司会者　そのお話は、また別の機会にお願いします。

それよりも「刷り込み」に話を戻していただきたいのですが……。

動物行動学者　おっと、動物の話になると楽しくて、つい話が逸れてしまいましたな。「刷り込み」といえば、さきほどパブロフのイヌの条件づけの話がありましたが、イヌがメトロノームの音に条件反射を示すようになるまでには、かなりの時間をかけて何度も刺激を繰り返す必要があります。

ところが、ハイイロガンのヒナは、卵から生まれて最初に見た動く対象を親鳥として瞬間的に認識します。ですから、ヒナは、最初にガチョウを見ればガチョウを追いかけ、人間を見れば人間を追いかけるわけです。

この仕組みは、あたかもハイイロガンの脳内に親鳥が一瞬でプリントされたように思えたので、ローレンツはこれを「刷り込み」(インプリント)と名づけました。そこからローレンツは独創的な「動物行動学」を生み出し、一九七三年にノーベル医学生理学賞を受賞したのです。

会社員　その「刷り込み」の影響力は、どの程度の期間にわたって継続するのでしょうか?

動物行動学者　鳥類の場合、ヒナの時点で同じ種類のトリの中で育たなければ、大部分のトリは、自分がどの種族に属しているのかさえ判断できなくなります。

たとえば、ニワトリに育てられたガチョウのヒナは、成長してからもガチョウではなくニワトリに求愛行動するようになります。セキセイインコが、生まれて最初に見たセルロイドのボールに求愛行動するようになった事例も観察されています。ですから動物園の飼育係は、自分が求愛行動されないように、トリの形をした手袋を嵌めて人工孵化させているわけです。

もっと興味深い例をローレンツが指摘しています。ある年の冬、強い寒気をもたらす前線が停滞して気温が下がり、ウィーンのシェーンブルン動物園のシロクジャクが全滅の危機に瀕したことがありました。そこで最後に残った一羽のオスのヒナを動物園中で一番暖かい部屋で育てることにしたのですが、それが第一次大戦直後の物資の不足した動物園では、ゾウガメの部屋でした。

そのシロクジャクは無事に成長しましたが、生涯にわたって他のメスのシロクジャクには目もくれず、巨大なゾウガメに向かって美しい飾り羽を扇状に開いて求愛を続けたそうです……。

ヒューリスティック処理システム

司会者　動物の話は大変興味深いのですが、その話を人間に当てはめると、最初に目にしたアンカーが「刷り込まれる」と考えてよろしいわけですか？

行動主義者　いえいえ、人間のアンカリングは、トリのように単純な「刷り込み」から説明できるものではありません。

どうも困ったことなのですが、動物行動学者は、動物の行動を観察するという古典的な方法から、あたかも動物が人間性を持つかのような擬人化した理論を導き出すこともあるので、注意が必要なのです。

ローレンツは「動物のモラル」が存在するなどと主張していますが、果たしてそれが科学的根拠に基づく主張と言えるのかさえ、大いに疑わしいものでして……。

動物行動学者　何をおっしゃるんですか！　ローレンツは、あなた方のようにイヌの頭蓋骨に穴を空けて脳に電気刺激を与えたり、ラットに迷路を走り回らせたりするような研究を鼻先で笑っていましたよ。そんなことで動物の行動の真の意味がわかるはずはないと言ってね。

そもそも人間も哺乳類の一部で、他の動物と同じように進化してきた「仲間」なのですから、動物の行動を調べてこそ、結果的に人間の行動の意味もわかってくるはずなのです。

司会者　そのお話は、また別の機会にお願いします。

まだ私の質問に答えていただいていないのですが、要するに、人間のアンカリングは刷り込みによって生じるのか、それともそうではないのか、どちらなのでしょうか？

神経生理学者　その質問には答えにくいですね。というのも、ヒトはトリやイヌに比べると遥かに複雑な神経生理的活動を行っていますから、動物行動学的な「刷り込み」や行動科学的な「条件反射」のような概念をそのまま適用することが困難なのです。

もちろん、進化の過程にまで遡れば、現代のヒトの脊椎に「尻尾」の痕跡の尾骨が残っているように、アンカリングも太古の「刷り込み」の残骸だと言えなくはないかもしれませんがね……。

むしろ最先端の神経生理学では、ヒトの認知活動を「ヒューリスティック処理システム」と「分析的・系統的システム」の「二重過程モデル」で捉えることが主流になっています。このモデルでは、最初にインプットされたアンカリングがヒューリスティックに処理されて、その数値が分析的・系統的に調整されるという「係累と調整」の繰り返しによって……。

司会者　もっとわかりやすく説明していただけませんか？

情報科学者　もともと「ヒューリスティック処理システム」というのは、情報科学の用語なのです。我々がコンピュータ計算を行う際、正規のアルゴリズムを使用すれば高い精度のアウトプットが得られる一方で、非常に時間がかかる場合があります。そこで、精度は低くなるけれども短時間で結果を予測できるシステムが開発されたわけで、これが「ヒューリスティック処理システム」なのです。

会社員　正解ではないけれども、近似値を求めるようなシステムということですね？

情報科学者　いえ、よく勘違いされるのですが、近似アルゴリズムにしても、正規アルゴリズムから一定の誤差の範囲内でアウトプットを算出するわけですから、正規アルゴリズムほどではないにしても、やはり一定以上の時間がかかることに変わりはありません。「ヒューリスティック処理システム」の特徴は、正規アルゴリズムの方法論に基づいて、あらかじめ幾つかの大胆な仮説を立てて、そこからアウトプットを予測するもので、人間でいえば、一種の「発見」あるいは「直観」的処理のようなものです。

会社員　「発見」あるいは「直観」的処理ですって？　機械にそんなことができるのでしょうか？

情報科学者　もちろんですよ。たとえば、皆さんのパソコンにはウイルス対策ソフトが組み込まれていると思いますが、この種のソフトは、新たなウイルスが発見されるたびに、その情報を自動的にダウンロードしてパソコンの「ウイルス定義ファイル」を書き換えて、パターン・マッチング方式で検知して駆除するようになっています。この方式が正規アルゴリズムに相当する「系統的処理システム」です。

しかし、当然のことですが、この方式では「ウイルス定義ファイル」に登録されていない新種のウイルスは検知できません。そこで、最近のウイルス対策ソフトに導入されているのが、ウイルスを発見するための「ヒューリスティック処理システム」なのです。

このシステムは、コンピュータの本体システム領域やダイナミック・リンク・ライブラリーの書き換えのように、通常のプログラムが実行しないような命令を事前に検知して、この命令を出したプログラムはウイルスに感染しているのではないかと仮定します。次に、この感染プログラムを仮想メモリ上で故意に実行してみることによって、実際にコンピュータを攻撃しようとしているのか否かを判断し、感染している場合は即座に駆除して、クラウドの「ウイルス定義ファイル」に新型ウイルスとして登録します。

これらの処理は、すべてバックグラウンドで実行されていて、ユーザー画面には何も映りませんから、多くのユーザーは意識することもないでしょうが……。

会社員　いやあ、驚きましたね、私のパソコンの裏側で、そんなことが行われていたとは……。ウイルス対策ソフトが「ヒューリスティック処理システム」と「系統的処理システム」の二本立てだということも初めて知りましたが、それはすばらしい仕組みですね。

二重過程モデル

認知科学者　今のお話は、実はそのままヒトの認知活動にも当てはまるのです。私たちは、直観的なヒューリスティック処理システムを「自律的システム」、それに対して、論理的な系統的処理システムを「分析的システム」と呼んでいます。

ヒトの脳内には、これらの二つの異なるシステムが並行して存在し、それぞれが独自のメカニズムで動いていると考えられます。いわば一つの脳内に二つの心が共存しているわけで、これが多くの学者によって提唱されている「二重過程理論」なのです。

哲学史家　ちょっとお待ちください。哲学史を振り返ると、人間の「心」とは何か、プラトンから現代の「心の哲学」の研究者に至るまで、数えきれないほどの哲学者が見解を主張してきましたが、「十人の哲学者がいれば十の哲学がある」と言われるくらい、彼らの意見は一致しておりません。

それにもかかわらず、あなたは「二重過程理論」が「多くの学者によって提唱されている」とおっしゃいましたが、その根拠はどこにあるのでしょうか？

認知科学者　それでは、さまざまな二重過程理論とその提唱者と発表年をまとめた次の「表――多彩な二重過程理論」をご覧ください。これは二〇〇四年にトロント大学の認知科学者キース・スタノヴィッチが作成したリストに手を加えたもので、それぞれの用語や内容は異なっていますが、基本的な類似性があるとみなせる理論ばかりを集めたものです。

カント主義者　あははは、これは驚いた！　二ダースもの学者が似たような二重過程理論を提唱しておるとは、お笑い種じゃないか！　これらの学者は、先行研究を知らないのか知ろうとしないのか、あるいは先行研究に敬意を払っておらんということだね？

認知科学者　いえいえ、必ずしもそうではありません。これは哲学界でも同じことでしょうが、どの学者も自分の専門分野の研究課題に対して最も適切な名称を与えようとするあまり、この表のように用語が乱立する事態になったということです。

たとえば、ラトガーズ大学の哲学者ジェリー・フォーダーは、人間の認知活動を経験的な「モジュール型処理」と合理的な「中央制御型処理」の並列とみなしていますが、ミシガン大学の哲学者アラン・ギバードは、本能的な「動物的制御システム」と倫理的な「規範的制御システム」に対比させています。

同じ哲学者といっても、フォーダーは心の哲学、ギバードは倫理学の専門家ですから、カテゴライズする際に何を基準にするかによって、二重過程理論そのものの立て方も用語

二重過程理論提唱者	発表年	システム1	システム2
M.Bazerman, A.Tenbrunsel & K.Wade-Benzoni	1998	したい自己	すべき自己
D.Bickerton	1995	オンライン思考	オフライン思考
C.Brainerd & V.Reyna	2001	要点的処理	分析的処理
S.Chaiken, A.Liberman & A.Eagly	1989	ヒューリスティック処理	系統的処理
S.Epstein	1994	経験的システム	合理的システム
J.Evans	1984	ヒューリスティック処理	分析的処理
J.Evans & D.Over	1996	暗黙思考過程	明示思考過程
J.Evans & P.Wason	1976	タイプ1過程	タイプ2過程
J.Fodor	1983	モジュール型処理	中央制御型処理
A.Gibbard	1990	動物的制御システム	規範的制御システム
J.Haidt	2001	直観システム	推論システム
P.Johnson-Laird	1983	暗黙的推論	明示的推論
G.Klein	1998	再認的意思決定	合理的意思決定
S.Levinson	1995	相互作用的知能	分析的知能
G.Loewenstein	1996	内臓的影響	意識的制御
J.Metcalfe & W.Mischel	1999	ホットシステム	クールシステム
D.Norman & T.Shallice	1986	競合的関心	監視的関心
J.Pollock	1991	迅速非柔軟モジュール型	思惟作用
M.Posner & C.Snyder	1975	自動的発動	意識的処理
A.Reber	1993	暗黙的再認	明示的学習
R.Shiffrin & W.Schneider	1977	自動的処理	被制御的処理
S.Sloman	1996	連想的システム	規則的システム
E.Smith & J.DeCoster	2000	連想的処理	規則的処理
K.Stanovich	2004	自律的システム	分析的システム

表――多彩な二重過程理論

も異なってくるわけです。

会社員　そうはいっても、どの二重過程理論にも基本的な類似性があるとおっしゃっていましたよね。

認知科学者　たしかに、もう少し包括的な理論構築ができないのかというご指摘には、耳の痛い部分もあるのです。

そもそも、この表に挙げた二重過程理論提唱者の専門分野だけを挙げても、哲学・情報科学・認知科学・神経生理学・社会心理学・発達心理学・臨床心理学・意思決定論・ゲーム理論など多岐にわたって細分化されます。

おそらく情報科学者は神経生理学会で二重過程理論が発表されても気がつかないでしょうし、臨床心理学者が意思決定論研究者による二重過程理論の論文を読む機会もないかもしれません。つまり、専門が細分化されたために研究者が「井の中の蛙」状態になっていて、それぞれが所属する学会で知らないうちに類似した理論を発表しているような一面もあるということです。

会社員　なんだか、もったいない気がしますね。この表の専門家は、それぞれ自分の分野で研究しているうちに似たような理論に辿りついたわけでしょう？

ということは、もしこの人たちが集まって、我々の行っているようなシンポジウムを開いたら、お互いにかなりの知的刺激を与え合えるのではないでしょうか。そうすれば、心理学と経済学を融合させたカーネマンのような独創的研究も、どんどん出てくるかもしれないでしょう？

科学社会学者　理想的にはそうなのかもしれませんが、現実的には難しいでしょうね。というのも、「理性の限界」シンポジウムでもご説明しましたように、そもそも科学者集団というものが一種のムラ組織から構成されているからです。したがって、大所高所から科学理論を見通すということ自体、非常に困難な状況になっておりまして……。

司会者　そのお話は、また別の機会にお願いします。

それよりも、二重過程理論によれば「一つの脳内に二つの心が共存している」というお話でしたが、その点について詳しくご説明いただけますでしょうか……。

4　人間行為の限界と可能性

認知科学者　さきほど「一つの脳内に二つの心が共存している」と申し上げたのは、文字通り私たち人間の脳に二つの独立したシステムが存在するということです。

私たちが一般に「自己」という言葉で指すのは「分析的システム」で、このシステムは言語や規則に基づく処理を行い、意識的に刺激を系統立てて制御しています。

これに対して、「自律的システム」は、ヒューリスティックなモジュール型のシステムで、刺激を自動的かつ迅速に処理し、意識的に制御できない反応を引き起こします。

司会者　意識的に制御できないとは、どのようなことなのでしょうか？

認知科学者　例を挙げて説明しましょうか。たとえば、お嬢さん方は、ファッジがお好きですか？

大学生A　ファッジって、チョコレートにマシュマロとかドライフルーツが入ったキャンディのことですよね？　卒業旅行でパリに行ったときに食べましたが、すごく美味しかったです。

大学生C　私も大好きです！　口の中でとろける感じがたまりませんよね……。

認知科学者　その最高級品のファッジを幾つか食べてもらう実験があるのです。被験者は、出てくるたびに大喜びで食べるのですが、その次に出てきたファッジを見た瞬間、急に顔を曇らせます。というのも、そのファッジは、大便のような色と形をしているからです。

カント主義者　大便のような色と形のファッジだって？　なんて悪趣味なんだ！

認知科学者　そうかもしれませんが、これは非常に重要な実験なのです。というのは、被験者は、そのファッジは美味しそうなチョコレートの香りがしていて、口の中に入れたら甘くとろけるに違いないとわかっているにもかかわらず、彼らの大多数は、その外見に嫌悪感を示し、結果的に口に入れることを拒んだからです。

カント主義者　だからどうしたというんだね？

認知科学者　この実験によって、ヒトの脳が、対象の外見に根源的な嫌悪感を示す「自律的システム」に支配されていることがわかるじゃないですか！　いかに脳内の「分析的システム」が対象は美味しいファッジだろうと認知しても、食べるという行為に結びつけられなかったわけですから……。

　別の例を挙げましょうか。さきほどと同じように、レモンの果汁の湧き出ている切り口に噛り付いて、あまりの酸っぱさに、身体中が震え上がった場面を想像してください。きっと口の中に唾が出てきたと思いますが、それを飲み込んでください。ここまでは何の問題もありませんね？

運動選手　自分の口の中の唾を飲み込むということですよね？　もちろん簡単にできますが……。

認知科学者　それでは、空のグラスに唾を吐いたとして、それをもう一度飲み込むというのはいかがでしょうか？

運動選手　それは嫌だな。なんだか気持ち悪いですね……。

大学生Ａ　でも考えてみれば不思議ですね。口の中でもグラスの中でも、同じ自分の唾のはずなのに……。

認知科学者　ヒトの脳内の「自律的システム」は、身体から何かが出た瞬間、もはやそれらを自己組織とは異質の排斥されるべき物質として認知します。ここで重要なのは、ファッジの実験と同じように、それを「自律的システム」が独自に決定していることで、しかもその決定を「分析的システム」が制御できない点にあるのです。

認知的不協和

会社員　なるほど、頭ではわかっていても、身体がついていかないということですね。ははあ、見えてきました。そうなると、我々が合理的な説明のつかないアンカリングの影響を受けてしまうのも、実は「自律的システム」が原因だということですね？

認知科学者　まさにおっしゃるとおりだと考えられています。実はヒトは、「自律的システム」の独自の働きによって、自分でもそれが理屈に合わないとわかっていながら、不合理な行動を取ることが確認されているのです。

司会者　ちょっとお待ちください。アンカリングは、自分でも意識しないうちにアンカーの数値に影響を受けてしまうということでしたよね。これならば理解できるのですが、「自分でもそれが理屈に合わないとわかっていながら」というのは、どういうことですか？

認知科学者　たとえば、ここにあなたの欲しいパソコンがあるとしましょう。これを手に入れるためには、定価の八万円を支払えば購入できます。ところが、もし勝てば、このパソコンを無料でもらえるゲームもあるとします。このゲームに勝つ確率は一五パーセント、ただし負けたらパソコンを一〇万円で買い取らなければなりません。

さて、購入するかゲームをするか、あなただったら、どちらを選びますか？

運動選手　ボクだったら、ゲームに挑戦してみたいですね！　勝てば八万円相当のパソコンがタダで手に入るわけだし……。

大学生A　でも、そのゲームに勝つ確率は一五パーセントしかないわけでしょう？　負けたら一〇万円で買い取らなければならないのに、それでもいいの？

司会者　いえいえ、それは馬鹿げていますね。もしゲームをしたら八五パーセントの確率で負けるわけですから、支払わなければならない金額の期待値は一〇万円の八五パーセントで八万五千円になります。となると、そのまま定価の八万円で購入する方が明らかに得でしょう。

会社員　たしかに期待値を計算すればそうなるのかもしれませんが、私もゲームをやってみたいですね。タダで八万円のパソコンが手に入る可能性が一五パーセントもあるんだったら、私のようなギャンブル好きのタイプは、誰でも挑戦するだろうと思いますよ。

認知科学者　ほらね、私が申し上げたとおりでしょう。そのまま購入する方が明らかに得だとわかっていながら、損なギャンブルに手を出そうとする人々が数多く存在するのです。

会社員　もちろんゲームに負けた場合には、余分に二万円を支払わなければならないことはわかっていますよ。ただし、それは必ずしも「損」ではなくて、ゲームで味わう高揚感とか楽しさの代償とも考えられるでしょう。

社会心理学者　本当にそうですか？　それは負け惜しみじゃありませんか？

会社員　負け惜しみというよりも、私は株で失敗したときや競馬で負けたときには、そのように割り切ることにしていますが……。

社会心理学者　落ち着いて想像してみてください。あなたはゲームに参加したとして、実際には八五パーセントの高い確率で負けるはずですから、結果的に一〇万円を支払ってパソコンを手に入れたとします。ところが、あなたの隣の席の同僚は、まったく同じパソコンを定価の八万円で購入しているのです。それを見て、悔しくはないですか？

ニューヨーク社会研究新学院の社会心理学者レオン・フェスティンガーは、ギャンブルに参加したい一方で、負けた場合には正当化しなければならないような矛盾した認知を同時に抱えた状況を「認知的不協和」と名付けています。あなたは、まさにそのような状況に陥っていると考えられます。

司会者　その「認知的不協和」という言葉を、もっとわかりやすく説明していただけませんか？

社会心理学者　これはフェスティンガー自身による例ですが、「認知的不協和」の状況はイソップ童話の「酸っぱいブドウ」を思い浮かべていただければわかりやすいでしょう。

キツネが、豊かに実ったブドウを取ろうとして何度も跳び上がるのですが、ブドウの実は木の高い位置にあって届きません。ついに諦めたキツネは、「あのブドウは酸っぱくてマズイに決まっている。誰が食べるものか」と言って立ち去るという話です。

大学生C　そういえば英語で「酸っぱいブドウ」(Sour Grape) といえば「負け惜しみ」の意味でしたね。

会社員　つまり私は、負け惜しみを言っているキツネだということですか……。

社会心理学者　ハッキリ言えば、そういうことですね。八万円で購入できたはずのパソコンに一〇万円を支払わなければならないような状況に陥った場合、人間の脳は、「タダでパソコンを手に入れるチャンスもあったのだから」とか「ゲーム自体を楽しめたのだから」とか「株で大損したのに比べれば二万円など何でもない」などと考えることによって、自己の行動を正当化しようとします。これをフェスティンガーは「認知的不協和を解消させる正当化」と呼んでいるわけです。

フレーミング効果

会社員　その事例を二重過程理論で説明すると、我々は目先の「タダ」というアンカリングに踊らされてギャンブルする、これは「自律的システム」の働きによるものですね。ところが、ギャンブルに失敗した場合、今度は「分析的システム」が尻拭いの正当化を行って、自分の精神を安定させてくれるようなものだということですか……。

認知科学者　よくおわかりじゃないですか！　まさに、おっしゃるとおりの現象が脳内で生じているわけですよ。

もっと視覚的に明快な実験をご紹介しましょう。二つのボウルがあって、「ボウルA」

には白玉九個と赤玉一個、「ボウルB」には白玉九二個と赤玉八個が入っているのが見えていて、各々の個数も被験者にハッキリと告げられているとしましょう。被験者はボウルに手を入れて、かき混ぜてから一つの玉を取り、それが赤玉だったら景品を獲得するというゲームです。

さて、あなただったら、どちらのボウルから玉を取りますか?

会社員 もう十分わかっていますよ。赤玉を取る確率は、「ボウルA」だと一〇パーセント、「ボウルB」だと八パーセントなのだから、「ボウルA」を選ぶべきなんですよね。そこまでわかっているのに、私は「ボウルB」を選んでしまいそうだなあ。もしかして、私は馬鹿なんでしょうか?

認知科学者 いえいえ、多くの被験者で実験した結果でも、同じような傾向が見られています。この実験では、景品を手に入れるためには赤玉を取らなければならないのですが、ヒトの脳内の「自律的システム」は、その赤玉の絶対数に視覚的に大きく影響されるあまりに、たった一個しか赤玉のない「ボウルA」を選ぶことを躊躇してしまうわけです。

もちろん「ボウルB」には赤玉が八個あるとはいえ、白玉も九二個もあるわけですから、冷静に考えてみれば、より可能性が低いことは明らかでしょう。それでも多くの被験者は、「ボウルB」には白玉も多いから分が悪いとわかってはいても、赤玉が一個のボウル

Aよりも当たりそうに見えた」と言って、ボウルBを選んでいるのです。

行動経済学者　実に興味深いですね。まさに人間は「自分でもそれが理屈に合わないとわかっていながら、不合理な行動を取る」わけですから。お話を伺っているうちに、行動経済学でも原因不明だった事例に解決の糸口が摑めそうな気がしてきました。

司会者　それはどのような事例ですか？

行動経済学者　この話はカーネマンとトヴェルスキーが行った実験に始まっているのです。皆さんも、ちょっと考えてみてください。

あなたは主要国の厚生大臣で、ある感染症の病気に対策を講じようとしているとします。この病気には、すでに六〇〇人が感染していて、このまま放っておけば死亡することが推定されています。この感染症に対して、二つの対策が提案されています。

「対策A」を採用すれば、二〇〇人が助かります。「対策B」を採用すれば、六〇〇人が助かる確率が三分の一、一人も助からない確率が三分の二です。

さて、あなたが大臣だったら、どちらの対策を採用しますか？

大学生A　私だったら「対策A」を採用すると思います。何といっても、二〇〇人が確実に助かるわけですから……。

会社員　私も「対策A」ですね。「対策B」では一人も助からない確率が三分の二もあるので、いくらギャンブラーの私でも採用できないだろうなあ……。

行動経済学者　結構です。それでは、次の質問にもお答えください。

あなたは主要国の厚生大臣で、ある感染症の病気に対策を講じようとしているとします。この病気には、すでに六〇〇人が感染していて、このまま放っておけば死亡することが推定されています。この感染症に対して、二つの対策が提案されています。

「対策C」を採用すれば、四〇〇人が死亡します。「対策D」を採用すれば、一人も死亡しない確率が三分の一、六〇〇人が死亡する確率が三分の二です。

さて、あなたが大臣だったら、どちらの対策を採用しますか？

運動選手　ボクだったら「対策D」を採用するでしょうね。一人も死亡しない確率が三分の一はあるのですから……。

大学生C　私も「対策D」かな……。「対策C」では四〇〇人が確実に死亡するというのですから、採用できないでしょうね。

行動経済学者　実際にカーネマンとトヴェルスキーが行った実験でも、二つの質問に対して最も多くの被験者が選んだ回答は、「対策A」と「対策D」でした。

ここでよく思い起こしていただきたいのですが、実はこれら二つの質問は、まったく同じ内容を別の言い方で表現したにすぎないのです。もう一度確認していただければわかることですが、「対策A」で二〇〇人が助かるというのは、「対策C」で四〇〇人が死亡するのと同じ内容、また、「対策B」で一人も助からない確率が三分の二というのは、「対策D」で六〇〇人が死亡する確率が三分の二というのと同じ内容でしょう。

司会者　ということは、最初の質問に「対策A」と答えた場合、次の質問では「対策C」と答えなければ、矛盾していることになりますね。

行動経済学者　そのとおりです。あるいは、最初の質問に「対策B」と答えた場合、次の質問では「対策D」と答えなければ論理的一貫性がないのですが、ほとんどの被験者は、「対策A」と「対策D」を選ぶという完全に矛盾した選択を行ったのです。

この実験では、まったく同じ対策を二つの異なる「構造」あるいは「フレーム」で組み立てて表現しています。つまり、同じ山を正面と背面から見るように、同じ対策について、最初の質問はポジティブなフレーム、次の質問ではネガティブなフレームで述べているわけです。

カーネマンとトヴェルスキーは、この種の実験を数多く行って検討した結果、人間には「得をするフレームではリスクを避け、損をするフレームではリスクを冒そうとする」傾向があるとする「フレーミング効果」を発見しました。彼らは、ここから出発して、さきほどお話ししたプロスペクト理論を構築したわけです。

合理性障害

認知科学者　私たちも、行動経済学の成果を研究する必要がありそうですね。とくに今のお話にあった「フレーミング効果」に関連して、興味深い実験結果があります。

これはミシガン大学の心理学者ポール・スロヴィックが行った実験なのですが、被験者になったのは、アメリカ法廷心理学会に所属する心理学者と精神科医の四七九名でした。彼らは、長年の経験を積んだ大学や研究組織の所属者で、さまざまな裁判で専門的な意見を述べる法廷心理学の専門家ばかりです。

スロヴィックは、この専門家集団をランダムに二つのグループに分けて、「精神疾患を抱えたヴェルディ氏」を退院させるか否かについての意見を求めました。ヴェルディ氏は、暴力的傾向を抑制できずに強制入院させられた患者ですが、すでに治療が終わり、現時点での精神は安定しています。

二つのグループには、ヴェルディ氏の事件記録やカルテなど、まったく同じレポートが渡されましたが、最後の専門医師による所見のみが異なっていました。

第一のグループに渡された所見は、「ヴェルディ氏のような患者が退院後半年の間に暴力行為を繰り返す確率は、二〇パーセントであると思われる」であり、第二のグループに渡された所見は、「ヴェルディ氏のような患者は、退院後半年の間に、一〇〇人中二〇人が暴力行為を繰り返すと思われる」でした……。

司会者　ちょっとお待ちください。私の聞き間違いでしょうか、「二〇パーセント」と「一〇〇人中二〇人」だったら同じことですよね?

認知科学者　そうです。聞き間違いではなく、スロヴィックは、まったく同じことを二つのグループで表現を変えて述べただけのことです。

ところが、結果は驚くべきものでした。ヴェルディ氏の退院に対して、第一のグループでは二一パーセントが反対したのに対し、第二のグループではその倍の四一パーセントが反対したのです!

大学生C　信じられない!　どうしてそんなことになったんですか?

認知科学者　それは私の方が伺いたいくらいですよ。その原因がヒューリスティックなバイアスであることはわかっていますが、なぜそんな結果になるのかは、現在の認知科学の中心課題のひとつですからね。

大学生A　つまり、言い方の問題ですよね。私にはわかるような気がします。「二〇パーセント」と言われてもピンとこないけど、「一〇〇人中二〇人」が暴力行為に及ぶと言われたら、実際に暴力行為を行っている人間の姿が浮かんできますから、こちらの方が感情を刺激するのではないでしょうか？

認知科学者　おっしゃるとおり、まさにそれがヒューリスティックなバイアスなのですが、ここで大問題になるのは、彼らが素人ではなく、法廷で意見を述べる経験豊富なプロの専門家集団だったということです。その彼らのアドバイスに二倍もの意見の相違が見られたことに、我々も驚愕しているわけです。

会社員　つまり、専門家でさえ認知バイアスから抜け切れないというわけですね。どうもこれまで伺ってきたアンカリング効果やフレーミング効果の影響を考えてみると、人間が完全に合理的な判断をくだすことは不可能なように思えてきますね……。

科学主義者　いえいえ、そんなことはありません。いつか科学は、すべてを完全に合理的に説明できるようになるはずです。実際に、なぜアンカリング効果やフレーミング効果が生じるかについても、多くの研究者が二重過程理論で説明しようとしているわけでしょう？　それならば、その対策だって発見できるはずじゃないですか！

認知科学者　たしかにスタノヴィッチなどは、「賢いのに愚かな行動をとる」人間の傾向を「合理性障害」という「症例」とみなして、「治療法」を研究課題にしていますが……。

ロマン主義者　君たちは何を言っているんだ？　「不合理性」が病気だとでもいうつもり

かね？

わざわざ改めて科学的に立証などしなくとも、人間が本質的に不合理な生き物だってことは、自分の行動を振り返ってみるだけでも明らかじゃないか！ 「不合理ゆえに我信ず」という言葉があるが、俺は「不合理ゆえに我愛す」と言いたいものだね……。

司会者 さまざまな意味で、人間の行為の限界と可能性が見えてきました。それでは、いったんこの話題は打ち切って、休息したいと思います。

一同 （拍手）

第二章　意志の限界

1　自由とは何か

司会者　それでは、第二のセッション「意志の限界」を始めさせていただきます。

このテーマを選んだのは、これまでのシンポジウムで議論されてきた「理性」や「知性」に加えて、私たち人間には、自発的に目標を設定して、その目標に突き進むという「自由意志」が備わっているからです。

そもそも人間が何かを意志するとはどのようなことなのでしょうか？　それは自由に選択できるものなのでしょうか？　そして、その限界はどこにあるのでしょうか？

運動選手　ボクのコーチは、競技に勝つためには「強靭な意志」が何よりも大切だと言っていますが、その「意志」の話ですね？

司会者　おっしゃるとおりです。運動選手さんは、雨の日も風の日も一日も欠かさずに練習を続けていらっしゃるそうですが、そのためには、どんなことがあっても諦めないという不屈の意志の力が必要でしょう。

会社員　まさに「継続は力なり」ですね！　私など禁煙を始めてもダイエットを始めても

三日坊主で終わってばかりで、お恥ずかしい限りでして……。

運動選手　いえいえ、ボクなんてまだまだですよ。世の中には、毎日フルマラソンを走っている人もいるくらいですからね……。

会社員　えっ、フルマラソンというと四二・一九五キロじゃないですか！　これを毎日続けて走るなんてことができるんですか？

運動選手　ボクの先輩のマラソンランナーには、三日続けてフルマラソンを走ったというツワモノがいますが、二〇〇九年には、五二日連続フルマラソンという記録が日本で生まれています。

さらに最近になってこの記録を大幅に塗り替えたのが、ベルギーのシュテファーン・エンゲルスというランナーです。彼は二〇一〇年二月六日から二〇一一年二月五日まで、ちょうど一年三百六十五日、フルマラソンを走り続けるというギネス世界新記録を達成したのです！

大学生A　フルマラソンを一年間毎日走り続けるなんて、想像しただけでも気が遠くなりそう……。

大学生C　私、一度だけハーフマラソン大会に参加したことがあるんですが、その後の一年間は、まったく走る気力も出ませんでしたけど……。

カント主義者　世の中は、変わったことに挑戦する人間に事欠かないということだな……。それにしても、その男は、なぜ二月六日という何の変哲もない日に挑戦を始めたのかね？

運動選手　そこが彼の偉大なところなんですよ！　実はエンゲルスさんは、二〇一〇年一月一日元旦に、一年間一日も休まずにフルマラソンを完走するという誓いを立てたのです。ところが一八日目に脚を怪我してしまった……。

そこで彼は、その日の内にハンドバイクを購入して、そのバイクでマラソンコースを走り続けました。そして脚の完治した二月六日、再び記録をゼロに戻して、自分の足で走り始めたというわけです。

会社員　その根性は本当にすごい！　その方の年齢はご存知ですか？

運動選手　ギネス記録達成時のエンゲルスさんは、四十九歳でした。アスリートとしては決して若くない年齢だと思いますが、まさに鉄のような意志の持ち主ですね。

ギネス評論家　たしかにエンゲルスさんの記録も大変なものですが、ギネス記録といえば、何といってもドミノ倒しを忘れてはならないでしょう！

現在のドミノ倒しギネス世界記録は、二〇〇三年にシンガポールで達成された三〇万三六二一個です。たった一人で、これだけの数のドミノを互いに触れないように並べていくという緻密で孤独な作業を考えてみてください……。

大学生C　想像するだけでもドキドキしますね！　しかも、最後の一瞬に一個のドミノに触れただけでも、これまでのすべての努力が水の泡になるんですから……。

ギネス評論家　二〇〇八年にはオランダで四三四万五〇二七個ものドミノ倒しが成立していますが、こちらはテレビ局の企画で多くのスタッフによる共同作業でしたから、ギネス記録には認定されておりません。

大学生C　そのギネス記録というのは、誰が決めるんですか？

ギネス評論家　イギリスのギネス・ワールド・レコーズ社の記録認定委員会が、世界中から申請された記録の内容を詳細に検討して吟味し、認定する仕組みになっています。

もとはといえば、この記録認定は、一九五一年にギネス醸造所の代表取締役ヒュー・ビーバーが狩りに出かけたとき、「ヨーロッパムナグロとライチョウのどちらが速く飛ぶか？」と友人と議論になったことがきっかけで始まりました。そのどちらも、それほど速く飛ぶ鳥ではないのですが、狩猟中にどちらを狙うかは大問題ですからね。そこからビーバーは、何でも世界一の事例ばかり収集してみようと思いついて、部下にその成果を『ザ・ギネス・ブック・オブ・レコーズ』にまとめさせたのです。

一九五五年、この本の初版を発行したところ、瞬く間にイギリスをはじめヨーロッパ各国でベストセラーになり、その後は毎年、改訂版が発行されるようになりました。今では世界百ヵ国以上で三十七の言語に翻訳され、通算一億冊以上の販売数を誇っています。つまり、おもしろいことに、『ギネス世界記録』という本そのものが著作権所有書籍の販売数というギネス世界記録を更新し続けているというわけでして……。

司会者　そのお話は、また別の機会にお願いします。

それよりも、ギネス記録を達成させるほどの人間の「意志」の力は、いったいどこから出てくるのでしょうか？

意志と意思

哲学史家　もともと「意志」というのは、英語の"will"あるいはドイツ語の"Wille"の翻訳語でして……。

司会者　実は私もシンポジウムに先立って日本語の「イシ」という言葉を調べてみたんですが、目標を達成するために理性的あるいは知性的に思考することが主体になる場合には「意思」、それよりも感性的な自発性を主体とする場合には「意志」という漢字が用いられているようです。

法律学者　たしかに漢字の「意思」と「意志」は紛らわしいですが、現代の法律用語は「意思」で統一されていますね。個人の「意思」を尊重する場合や「意思表示」もそうですし、法律効果の発生を意図する「効果意思」などにも「意思」が使用されています。

哲学史家　哲学界では、圧倒的に「意志」の方が主流ですな。最初に「意志」という概念に注目して独自の哲学を構築したのは、ショーペンハウアーでした。

形而上学者　彼の哲学につきましては、私から「知性の限界」シンポジウムでご紹介しました。ショーペンハウアーが一八一九年に発表した『意志と表象としての世界』によれば、世界は「私」の表象であり、その根底は「盲目的意志」に支配されています。この「盲目的意志」は、飽きることなく永遠の欲望を抱き続け、そのため人間は苦悩の連続に陥らざるをえません。

会社員　そのショーペンハウアーから大きな影響を受けたのが、ハルトマンでしたね。彼のアイディアはあまりにも衝撃的だったので、よく覚えています。

形而上学者　ああ、ハルトマン！　ショーペンハウアーによれば、「意志」がなければ表象は存在しないわけですから、世界も消滅することになります。これを「私の意志の消滅」とみなして一種の「自殺容認論」を導く立場もあるわけですが、ハルトマンは、そこから遥か彼方の「宇宙自殺論」にまで話を進めました。

すなわち、人間は根源的に苦悩の存在なのですから、たとえ個々が消え去ったとしても、あるいは仮に全人類が自殺したとしても、数億年もすれば、再び新たな人間が地球上に生み出され、彼らは再び苦しまなければなりません。もし地球を破壊したとしても、どこか別の惑星上に「盲目的意志」に支配される知的生命が生み出され、彼らは人間と同じような苦悩を背負わなければなりません。

そこで人類は、あらゆる知識をもって、「宇宙が二度と生命を生み出したりしないように、絶対的に宇宙そのものを消滅させる方法を見つけなければならない」というのが、ハルトマンの結論でした。

司会者 その「盲目的意志」は、何のために存在するのでしょうか?

形而上学者 そこに合理的な説明がつかないから「盲目的」と呼んでいるんですよ。ショーペンハウアーもハルトマンも、さらに彼らに続いて「力への意志」を説いたニーチェにとっても、「意志」とは本質的に非合理で目的を持たない実存的主体なのです。

一八八五年、ニーチェが『ツァラトゥストラはかく語りき』で詩的に描いたのは、古代ペルシャのゾロアスター教の創始者「ツァラトゥストラ」の思想でした。「神が死んだ」ことを悟ったツァラトゥストラは、修行していた山を下って、民衆に人間を超克した「超人」の思想を説くのです。

ツァラトゥストラが「私は自分の道を歩み行くのだ。ためらう者たちや緩慢な者たちを私は飛び越えて行く」と宣言した瞬間、彼の頭上を一羽のワシが広大な円を描いて飛び、その首にはヘビが巻き付いているという象徴的な出来事が起こります。ここでワシは「太陽の下で最も誇り高い動物」、ヘビは「太陽の下で最も賢い動物」として描かれているわけでして……。

フランス社会主義者　どちらも不吉な動物だ！　ワシといえば、ナチスのハーケンクロイツの紋章を摑んだ意匠がナチス・ドイツの国章に用いられているし、ヘビといえば、旧約聖書で人類の祖とされるアダムとイブをそそのかした邪悪な存在ですよ！

動物愛護運動家　それは勝手な決めつけではありませんか？

ワシは、古代から勇猛な鳥として象徴化され、十三世紀初頭の神聖ローマ帝国の国章やハプスブルク家の紋章にも用いられていますし、ワーグナーの行進曲「双頭の鷲の旗の下に」が作曲されたのもヒトラー登場以前です。

ヘビも旧約聖書以前の古代エジプトでは神聖な生き物として崇拝されてきましたし、このように罪のない自然の動物たちを「不吉」だとか「邪悪」だと呼ぶことには大きな問題があるように思いますが……。

フランス国粋主義者　そうそう、そのとおりだよ。社会主義者は、すぐに何でもコジツケたがるから困るんだよ……。

フランス社会主義者　何を言っているんですか！　たしかに動物愛護の精神は理解できますが、ワシとヘビに象徴されるニーチェの超人思想に感化されたヒトラーが、アーリア人種の優越性を説き、ユダヤ人をはじめポーランド人やロマ人などの少数民族を「劣等者」と断定して絶滅させようとしたホロコーストの悲劇をお忘れではないでしょうな！

司会者　そのお話は、また別の機会にお願いします。

要するに、人間の「意志」は合理的には説明できないものと考えてよいのでしょうか？

欲求と環境決定論

行動主義者　というか、そもそも「意志」などという形而上学的な言葉を用いるから問題が混乱してくるんですよ。内観心理学者のヴントも「意志」をヒトの「意識」と「動機」によって説明しようとしましたが、言葉が氾濫して、ますます混迷を深めたばかりでした。

すでにお話ししましたように、ヒトに一定の刺激を与えたら、特定の反応が生じます。乳児期から成人にいたるまで、ヒトは与えられた環境における刺激反応の繰り返しによって目標達成や自己実現への「欲求」を持つようになるわけで、それこそが「自由意志」と呼ばれるものを生み出すのです。

社会心理学者　その点は、おっしゃるとおりですね。ブランダイス大学の社会心理学者アブラハム・マズローの「自己実現理論」によれば、人間とは自己実現に向かって成長を続ける存在であり、この成長は五段階の階層に基づく「欲求」によって説明されます。

第一段階の「生理的欲求」は、食事・排泄・睡眠など生命維持のために欠くことのできない最も根源的な欲求。第二段階の「安全の欲求」は、衣類・住居の完備、事故予防・健康状態が維持できるような秩序だった環境を得ようとする欲求。第三段階の「愛情と所属の欲求」は、愛情を受けると同時に与えたい欲求、集団の一員として安定して継続的に受け入れられたいという欲求。第四段階の「承認の欲求」は、独立した自己として他者から価値を認められ、社会的に尊重されたいという欲求。第五段階の「自己実現の欲求」は、自分の可能性を最大限に発揮して、自分にとって最も価値あることを達成したいという欲求です。

会社員　そのように整理されるとわかりやすいですね。たしかに我々は、生きていくために必要不可欠な生理的かつ安全の欲求を満たし、家族の一員として愛情を求め、さらに社会において承認され自己を実現しようとする存在ですから……。

社会心理学者　実際には欲求が生じると、脳神経系に興奮と緊張が起こり、それが不快感や焦燥感といった情緒を伴います。たとえば、喉が渇いているのに水を飲めなかったり、眠りたいのに睡眠をとれないような場合、ヒトは「欲求不満」の状態に陥りますが、それが満たされれば、安定感や満足感の情緒が得られるわけです。

一般に、生活環境において個人の欲求が満たされている状態を「適応」と呼びますが、愛情・所属・承認のような高度な社会的欲求については、必ずしも常に適応状態にあるとは限りません。そのような場合、つまり自己の欲求が社会的に満たされない場合に必要になるのが「自制」で、これこそが意志的行動を導くとも考えられます。

大学生C　そこで自制できなかったら、どうなるんでしょうか？

社会心理学者　その場合は、「爆発性の衝動的行動」をとることになるでしょう。

会社員　あはは、つまり「ヒステリックな行動」のことですね。我々は、自己の欲求が十分に満たされない生活環境の中で、ヒステリーを起こさないように懸命に自制して生きているわけか……。

そう言われてみると、「自由意志」などといっても、そのほとんどは「自制」に費やされている気がしますね……。

行動主義者　ですから、「自由意志」などという言葉には、ほとんど意味がないと申しあげているんですよ。なぜなら、ヒトが自由に自分で判断していると思っていることも、実際には、そのヒトが与えられた生活環境に「適応」している現象にすぎないからです。

パブロフやワトソンの行動主義を推し進めて「行動分析学」を創始し、自らを「徹底的行動主義者」と呼んだハーバード大学の心理学者バラス・スキナーは、望ましい反応を引き起こすためには報酬を与えればよいし、その逆に対しては罰を与えればよいという「強化理論」を確立しました。

大学生C　その名前、心理学の授業に出てきました！「スキナー箱」を作った人ですよね？

行動主義者　そうです。「スキナー箱」は、実にすばらしい実験装置ですよ！

この箱にはいろいろな仕掛けがありましてね。たとえば実験動物がレバーを押すと餌が出たり、逆に箱の底板から電気ショックを与えることもできるし、しかも、どの刺激に対してどのように反応したのか、すべての累積反応を自動的に記録できるのです。

スキナー箱で、三度続けてレバーを押したときだけ餌が出るようにすれば、ラットは三度続けてレバーを押すようになりますし、五度に設定すると、ラットも五度押すことを学習します。さらに興味深いのは、ランダムに餌が出るように設定したケースでして、この場合の実験動物は、取りつかれたようにレバーを押し続けるようになって……。

司会者　実験動物の話は結構ですから、人間についてご説明くださいませんか？

文化相対主義者　人間には文化がありますから、実験動物とは大違いですが、たしかに、特定の文化圏に生まれ育った人々は、周囲と同じような生活体験を繰り返すことによって、その文化圏で適切とみなされる空間感覚、時間感覚、食事作法をはじめとする行動様式を自然に体得することは事実です。

この点は、まさに「知性の限界」シンポジウムでご紹介した後期ウィトゲンシュタインの「生活形式」の概念にも繋がりますね。

行動主義者　もちろんヒトはラットよりも遥かに複雑ですが、その行動をコントロールできるという意味では、まったく同じことですよ。

ワトソンは次のように述べています。「十人ほどの健康な乳児と独自の育児環境を私に与えてもらえたら、その子の才能、好み、傾向、能力、適性、祖先の人種などにいっさい関わりなく、医者、弁護士、芸術家、商人、物乞い、泥棒など、どんな専門家にも育てられることを保証します」とね……。

ここでワトソンが前提にしているのが、ヒトの行動は与えられた環境によって完全に決定されるという「環境決定論」なのです。

運動選手　ボクはそういうふうには考えたくないですね。だって、ボクが何かを判断するのは、環境だけではなくて自分自身の「自由意志」に基づいているわけですから……。

文化相対主義者　そうでしょうか？　もし運動選手さんが平安時代に生まれていたら、A子さんには見向きもしなかったかもしれませんよ。というのも、平安時代の典型的な美人像は、目が細くて一重まぶた、鼻が低くて、頬が丸く張り出して、しもぶくれのおたふく顔、しかも小太り体型だったからです。オカメの顔と言った方がわかりやすいかな……。

急進的フェミニスト　「典型的な美人像」ですって、聞き捨てなりませんね！　その自己中心的で有害なイメージこそ、男性が社会文化的に構築したジェンダー概念にすぎませんん！

会社員　しかし、オカメの顔も福々しくて温かみがあって、それはそれでよいものだと思いますがね。オカメとヒョットコのお面なんか、お祭りのお神楽(かぐら)なんかでも使われているように、縁起がいいですし……。

急進的フェミニスト　「オカメとヒョットコ」ですって、ますます聞き捨てなりません！　なぜ江戸時代にあそこまで極端に滑稽な表情が生み出されたのか？　その文化的背景には、見逃すことのできない根深い二項対立的なジェンダー概念が隠されているのです！

司会者　そのお話は、また別の機会にお願いします。

それよりも、そこまで人間が環境に左右されるんだったら、「自由意志」は存在しないのでしょうか？

2　ドーキンスの生存機械論

フランス社会主義者　どうも私も、環境決定論には納得できませんな……。

たしかに、一般的な傾向として人間が環境に大きな影響を受けることは事実でしょうが、それでは常軌を逸した行動が説明できないのではありませんか？

たとえば、アイヒマンが加担したようなホロコーストも、与えられた生活環境に適応した結果だと言われるのでしょうか？

運動選手　そのアイヒマンとは、どのような人物なのですか？

フランス社会主義者　アドルフ・アイヒマンは、ヒトラーと同じ名前を持つ「人間の皮を被った悪魔」ですよ。ナチス・ドイツ親衛隊中佐でゲシュタポのユダヤ人局局長を務め、七百万人から一千万人以上とも言われるユダヤ人大量虐殺の最高責任者でした。

アイヒマンは、三十二歳の少尉だったとき、オーストリア併合後のウィーンで、たった半年の間に五万人のユダヤ人の全財産を没収して国外に追放した実績で上層部に注目されました。彼は、ロスチャイルドのユダヤ系男爵の邸宅を没収してリムジンを公用車に仕立て、高級ワインを飲みながら、ユダヤ人をしらみつぶしに探し出しては、追放命令書を書いたのです。

一九四〇年代になると、ナチス・ドイツ統治下のユダヤ人の数は大幅に増大し、もはや追放先を確保できなくなったことを口実に、ヒトラーは「最終的解決」として「ユダヤ人絶滅」を宣言します。そこでアイヒマンは、ヨーロッパ各地からユダヤ人をポーランドの強制収容所へ輸送する最高責任者となり、二年間に五百万人もの輸送任務を果たしました。さらに戦争末期になると、収容所の毒ガス室の抹殺速度を上げさせ、輸送手段を懸命に確保して、ハンガリーから四十万人ものユダヤ人をアウシュヴィッツ強制収容所に輸送したのです。

フランス国粋主義者　たしかにアイヒマンは戦時下の虐殺者だが、彼は、ヒトラーの命令に従ったまでのことじゃないか！

フランス社会主義者　いや、そんなことはない！　なぜならアイヒマンは、一九四五年に直属の上官だった親衛隊長官ハインリヒ・ヒムラーが強制収容所の処刑中止を命令した後も、その命令を無視して、最後の最後までユダヤ人虐殺を続けたからだ！

ナチス・ドイツ敗戦後、アイヒマンは偽名を使ってハンガリーからアルゼンチンに逃亡し、一九五〇年以降はブエノスアイレスに家族を呼び寄せて潜伏生活を送っていました。

しかし、執念深くナチス戦犯を追跡していたイスラエルの諜報機関モサドが一九六〇年に彼を発見して身柄を確保し、極秘の内にイスラエルへ移送したのです。

フランス国粋主義者　当時のイスラエル政府は、正式な外交ルートによる引き渡しをアルゼンチン政府に要求しなかった。モサドは、アイヒマンに睡眠薬を飲ませて酒に酔い潰れた乗務員だと偽って飛行機に乗せて国外に連れ去ったのだが、これは明らかに誘拐であって、アルゼンチンに対する主権侵害だったんじゃないかね？

フランス社会主義者　たしかにアイヒマンの移送には国際法上の問題があったかもしれないが、そんなことは彼のやった残虐非道な行為に比べたら、些細な問題にすぎないだろう！

アイヒマンは、エルサレムの戦犯裁判で「人道に対する犯罪」など十五の罪状で有罪となり、一九六二年に絞首刑が実施されました。刑が執行される直前、何か言い残すことはないかと聞かれたアイヒマンは、「ユダヤ教徒になろう。これでまた一人ユダヤ人を殺せるからな」と答えたそうです。彼は、ユダヤ人虐殺に憑りつかれていたんですよ……。

ミルグラムの実験

社会心理学者　アイヒマンがユダヤ人をはじめとする人々に行った非人道的な行為は、同じ人間として決して許すことができません。ただし、その責任をアイヒマン一人の人格に帰することには、問題があると言わざるをえません。

それどころか、社会心理学的に考察すると、むしろアイヒマンは「凡庸な官僚」で、上層部の命令に忠実に従って、しかも期待以上に職務を果たそうとしていたという意味では、現代社会における官僚とまったく同じ気質の持ち主とも考えられるのです。

司会者　ということは、アイヒマンが特別な人間なのではなくて、私たちも彼のような環境に置かれたら、彼と同じように行動する可能性があるということでしょうか？

社会心理学者　環境決定論的に考えれば、まさにおっしゃるとおりです。そのことを実証したのが、イェール大学の社会心理学者スタンレー・ミルグラムが実施した「アイヒマン実験」とも呼ばれる「服従実験」でした。

ミルグラムが疑問に思ったのは、そもそもなぜホロコーストのような異常事態が生じたのかということでした。なぜアイヒマンは、何百万人ものユダヤ人を平気で強制収容所へ送ることができたのか？　なぜドイツ国民は、ナチスによるユダヤ人差別の思想を受け入れることができたのか？　この種の「服従」は、アイヒマンの人格によるものか、ドイツ人特有の社会文化的傾向なのか、あるいは人間に共通する心理なのか？

それを確かめるためにミルグラムが綿密に組み立てたのが、ごく普通に生活しているアメリカ人を無作為に抽出して、彼らが徐々に不愉快で残酷な行為を取らざるをえないように権威者が命令する状況において、何が起こるのかを検証する「服従実験」だったのです。

一九六三年、ミルグラムは新聞で「記憶と学習のための実験」の参加者を時給四ドルで公募し、会社員・販売員・職人・郵便局員・工員など、二十歳から五十歳までの一般男性四十人の被験者を集めました。

定められた日時に被験者が一人でミルグラムの研究室に来ると、先に来ていたもう一人の被験者とくじ引きで「教師役」と「生徒役」を決めます。ただし、先に来ていた丸顔で四十歳代の会計士と名乗る被験者は、実はミルグラムの助手で、こちらは必ず「生徒役」になり、被験者は必ず「教師役」になるように、くじに細工がしてありました。

次に、白衣の教授が二人に「記憶と学習のための実験」についてウソの説明をします。この実験の目的は、学習に罰が与える影響の調査にあり、まず生徒はペアになった二つの単語のリストを暗記して、教師が一つの単語を言うと生徒はペアの単語を答えること、もし生徒が間違ったら、教師はスイッチを押して生徒に電気ショックを与えて罰すること、しかも間違えるたびに電気ショックは強くなっていくこと……。

運動選手　その電気ショックとは、どのくらい刺激のあるものなんですか？

社会心理学者　それを知覚してもらうために、教授は「試しに電極を付けてみてください」と言って、被験者の腕に電極を付けて、四五ボルトの電気ショックを与えます。これは、日常生活で静電気がビリッとくる程度のショックなのですが、それでも十分、不愉快な感覚であることはおわかりになるでしょう。

説明が終わると、教授は「生徒役」を電気椅子に拘束し、手首に電極を巻き付けます。そしてこの部屋は、生徒役が大声を出しても構わないように防音壁で覆われています。そして「教師役」の被験者を隣の部屋に連れて行き、机の前に座らせると、その目の前には、左端の「一五ボルト」から順番に一五ボルトずつ電圧が上がり、右端が「四五〇ボルト」で終わる三十個のスイッチの並んだ操作パネルとマイクが置いてあります。

操作パネルのスイッチの下には、「スイッチ1（一五ボルト）わずかなショック」「スイッチ5（七五ボルト）中程度のショック」「スイッチ9（一三五ボルト）強いショック」「スイッチ13（一九五ボルト）非常に強いショック」「スイッチ17（二五五ボルト）激しいショック」「スイッチ21（三一五ボルト）非常に激しいショック」「スイッチ25（三七五ボルト）危険・強烈なショック」「スイッチ29（四三五ボルト）XXX」と表示があります。

教師役の被験者がスイッチを押すと「ジー」という音と同時に「ボルテージ発生中」の赤

ランプが点灯し、ボルテージ・メーターのダイヤルの針が右に振れるようになっています。

大学生A　なんだか聞いているだけでも怖くなってきますね。私が教師役だったら、どんなに生徒役が間違えても、高いボルトのスイッチは押せないと思いますが……。無理に押すように強制されるわけではないんですよね？

社会心理学者　被験者が実験を継続すべきか否かを尋ねてきた際、教授は、①「続けてください」、②「実験のためには続けなければなりません」、③「続けることは非常に重要です」、④「他の選択肢はありません。この実験は続けるしかないのです」の順番で、静かに命令することになっていました。しかし、どの時点であっても、被験者が「自由意志」で断りさえすれば、彼らは実験を中止することができました。

一方、生徒役の部屋からは、個別の実験によってバラツキがでないように、俳優が吹き込んだ音声をテープで流すようになっていました。これは、低ボルトのショックでは小さいうめき声ですが、一二〇ボルトでは「かなり痛いんですが」と大声になります。

一五〇ボルトでは「実験の先生、ここまでです。出してください。心臓が悪いって言ったじゃないですか。心臓の具合がちょっと変になりかけているんです。出してください。心臓がおかしい。もうこれ以上は拒否します。出してください」と叫び、一八〇ボルトでは「うわっ！　痛くてたまらん！　出してくれ！」と絶叫します。

さらに二一〇ボルトでは「先生！ 出してって言ってるでしょう。もうたくさん。もうこの実験にはこれ以上協力しない」と苦悶の声をあげ、三三〇ボルトでは「ここから出せ！ 出してくれ！ 心臓が変だ。頼むから出してくれ。……ここに閉じ込める権利はないはずだ！ 出してくれ！」とヒステリックに悲鳴をあげて、三四五ボルト以上では不気味な無音のまま、無反応になります。

さて、この実験の被験者となったアメリカの一般市民は、どの段階まで教授の命令にしたがって電気ショックを与え続けたと思いますか？

服従実験の結果

大学生A　いくらなんでも「心臓がおかしい」と聞いたら続けられないでしょうから、多くの被験者は一五〇ボルトで止めたのではないでしょうか？

会社員　そうですね。仮にもっと続けたとしても、生徒役が「実験にはこれ以上協力しない」と言った時点で実験に参加することを拒否しているわけですから、二一〇ボルトでは止めなければならないでしょうね。

社会心理学者　ミルグラム自身、少なくとも最後の四五〇ボルトのスイッチまで押す被験者は一人もいないだろうと予想していました。彼の同僚の精神科医も、最後のスイッチまで押すようなサディストは千人に一人程度しか存在しないはずだと断言していました。

ところが、実験の結果は、彼らの予想を大きく覆すものでした！　なんと四〇人の被験者中、四〇人全員が三〇〇ボルトまでスイッチを押し続け、さらに二六人の被験者が最後の四五〇ボルトまでスイッチを押し続けたのです！

しかも、この中には、生徒役に電気ショックを与えることを楽しんでいたような被験者は一人もいませんでした。彼らは、苦しそうな表情で汗だくになって震えながらも、被験者の懇願や拒絶の声を無視して、命令に従順に服従し続けたのです。

ミルグラムの論文には、次のような一節があります。「落ち着き払った年配のビジネスマンが、微笑みながら自信ありげに実験室に入ってくるのが見えた。しかし、それから二十分もしないうちに、彼は痙攣してどもり始め、まるで精神の崩壊した廃人のようになっていった。……実験が進んだ時点で、彼は自分の額に拳を押し付けて、『なんてことだ！もう止めなければ』と呟いた。しかし、それでも彼は、続けるようにという命令に従い、最後までスイッチを押し続けたのである」

その後もミルグラムは、女性や知的職業従事者などを対象に同じ実験を続けましたが、性別や職業によって結果に大きな変化は見られませんでした。

会社員　そうでしたか……。知識人だったら、もっと自分の頭で考えて、おかしな命令は拒否しそうな気もしますが、やはりマインドコントロールに知識は関係ないのかな……。

社会心理学者　この実験は当時でも大きな話題となり、テレビ局のインタビューを受けたミルグラムは、次のように述べています。「この実験で千人以上の人々を観察し、実験結果から得た情報および印象から判断しますと、もしナチス・ドイツが建造したような強制収容所をアメリカ国内の市街に設置したとして、それがどの地域であっても、職員は十分に確保できるでしょう」とね……。

フランス社会主義者　ああ、今のお話を伺って、ようやく私の長年の疑問が解けてきた気がします。私はアイヒマンを取り調べたモサドの記録を読んだのですが、命懸けで彼を連れ去ったイスラエルの諜報員たちが一様に驚いたのは、アイヒマンがあまりにも「腰抜け」だったことでした。

なにしろ、潜伏生活を送っていた偽名の男をアイヒマンだと特定できたきっかけは、この男が奥さんの誕生日に花束を買ったことでしたからね……。彼は、エルサレムに連行された後も、刑務所の部屋とトイレをこまめに掃除し、尋問には自分から進んで捜査協力を申し出て、南米に潜伏している他のナチス将校の名前まで喋っています。

なぜアイヒマンのような「人間の皮を被った悪魔」がそんな「腰抜け」になったのか？

長年の逃亡生活で人格が変わったのかと不思議でならなかったのですが、要するに彼は、最初から家族思いで神経質な「凡庸な官僚」にすぎなかったわけですね……。

社会心理学者　その後、世界中の心理学者によって追認された「服従実験」の結果で明らかになったのは、教師役と生徒役の距離が遠ざかれば遠ざかるほど、つまり、被験者が電気ショックを与えた結果、生徒役の苦しむ声が聞こえなければ聞こえないほど、服従の度合いが高まるという傾向でした。

フランス社会主義者　ああ、それもよくわかります。アイヒマンは強制収容所の視察が嫌いで、銃殺現場やガス室なども「正視できなかった」と証言していて、それも嘘かと思っていましたが、本当のことだったのかもしれません。

おそらく彼は、自分では直接殺人の手を下さないし、何も見なかったからこそ、平気でホロコーストに加担できたに違いありません。そのくせ彼は、ユダヤ人を輸送する電車が予定から少し遅れただけでも激怒して部下に当たり散らすような人間でした。つまりアイヒマンは、ヒトラーの「ユダヤ人絶滅」命令に服従して、あくまで効率的に仕事を遂行することだけに魂を売り渡した「腰抜け」の「凡庸な官僚」だったと考えると、すべて納得できるのです……。

服従と遺伝的傾向

行動経済学者　アイヒマンの盲目的服従やミルグラムの服従実験のお話を伺っていると、カーネマンとトヴェルスキーの実験で「自分でもそれが理屈に合わないとわかっていながら、不合理な行動を取る」という行動経済学の事例と共通しているようですね。

認知科学者　「賢いのに愚かな行動をとる」という人間の本質を示しているという意味では、まさにおっしゃるとおりでしょうね……。

司会者　さきほどそれを「合理性障害」とおっしゃったと思いますが、なぜ人間は、それほど愚かな行動を取ってしまうのでしょうか？

認知科学者　カーネマンとトヴェルスキーの実験やミルグラムの実験で興味深いのは、被験者が自己と折り合いをつけられないという点です。この意味での極端な事例が「依存症」です。

たとえば、「ギャンブル依存症」の患者は、もう止めなければならないと自分で認識していながら、あと一回、もうあと一回と賭けを続けます。たまに勝ってもトータルでは負け続け、場合によっては、自分の財産を使い果たして借金まみれになってさえ、ギャンブルを続けるケースもあります。彼らは「わかっているのに止められない」のです。

行動主義者　「ギャンブル依存症」患者の行動は、ランダムで餌が出るように設定されたスキナー箱で、取りつかれたようにレバーを押し続けるラットとそっくりですよ……。

認知科学者　ミルグラムの実験の被験者たちも、どこかの時点で服従を止めなければ、生徒役の生命に危険が及ぶかもしれないことに怯えていました。それにもかかわらず、彼らは従順に教授の命令に従ってスイッチを押し続けたのです。

しかも、教授が普通の服装のときよりも、白衣でいるときの方が、被験者の服従の度合いが高いという結果が追実験で確認されました。つまりヒトは、白衣や制服などの外見の権威に弱いわけです。

なぜヒトは、こんなに簡単に服従してしまうのか？　実は、これらの行動は、さきほどご説明した二重過程理論の「分析的システム」と「自律的システム」とのジレンマと考えれば説明がつくのです。

会社員　そうか……。人間の脳内の「分析的システム」は「止めるべきだ」と考えているのに、「自律的システム」がその判断を無視して暴走させる……。たしかに、さきほどと同じ図式ですね！　でも、どうしてそうなってしまうんでしょうか？

進化論者　実は、それこそが「利己的遺伝子」のなせる業なのです。オックスフォード大学の生物学者リチャード・ドーキンスは、人間を「利己的遺伝子を運ぶ生存機械」と定式化していますが、二重過程理論を生物学的に考えると、「自律的システム」は、進化の過程で人間に組み込まれた遺伝的傾向を示していると言えます。

大学生A　そうなると、服従することも、遺伝的傾向なのですか？

進化論者　もちろん、そうですよ。一般にヒトの幼児は、四歳から五歳にもなれば母語の基盤が出来上がり、大人の言うことを理解して、自分の考えも言い表せるようになります。この「言語習得機能」が生得的に備わっていること自体、驚異的な進化の賜物なのですが、さらに、この時点までの幼児が、非常に素直に大人の言うことを聞くことに注目していただきたいのです。つまり、ヒトの子供は、自分の世話をする大人に服従するように生まれついているわけです。

大学生C　そうかなあ、私はまったく我儘で、言うことを聞かない子供だって、いつも両親から叱られていましたが……。

進化論者　それはもう少し大きくなって反抗期になってからでしょう。生まれてから言語を習得するまでの時期には、お嬢さんも驚くほど大人の言うことを聞いてよい子だったはずですよ。

たとえば、熱いから火に触ってはいけない、危険だから湖に飛び込んではいけないとご両親から言われたら、そのとおりに言うことを聞いていたはずです。逆にお嬢さんが生まれながらの懐疑主義者で、「お父さん、お母さん、ご忠告はありがたいけど、私は自分で試してみます」と言って、火に手を突っ込んだり、湖に飛び込んでいたら、今ここに生きて存在していなかったでしょうからね……。

ヒナが親鳥の真似をするように、あらゆる哺乳動物が親動物の教えどおりに行動して身を守るように、幼児が大人に「盲目的に服従する」という行動様式は、脳に遺伝的に組み込まれているのです。そうすることによって、個体が生存し、結果的に遺伝子を残す可能性が増すわけですから。

利己的遺伝子と二重過程理論

大学生C　でも、ミルグラムの実験の被験者は幼児ではなくて大人ですよね？

進化論者　もちろん、ヒトは反抗期や思春期を経て成長し、脳内に「分析的システム」を構築しますから、その後は、自分で考えて行動できるようになります。

ただし、大人になった後でも、カーネマンとトヴェルスキーの実験やミルグラムの実験のように「自律的システム」と「分析的システム」に葛藤が生じる状況に置かれると、混乱をきたして、結果的に、より根源的な「自律的システム」に支配された行動を取ると考えられるわけです。

司会者　なるほど。それにしても、そのような傾向をもたらす遺伝子が「利己的」だというのは、どういうことなのでしょうか？

進化論者　この言葉はよく誤解される比喩表現なので、少しご説明しましょう。

一八五九年にダーウィンの発表した『種の起源』は、生物学界に「進化論」という大革命をもたらしました。その中心にあるのが、生物は環境に適応できるように進化し、それができない種は自然淘汰されるという「自然選択説」なのですが、そこで問題になったのが、多くの生物に見られる「利他的」行動でした。

たとえば、ミツバチのメスを考えてみましょう。同じ受精卵から生まれたにもかかわらず、ある幼虫はローヤルゼリーのみで育てられて「女王バチ」になって産卵しますが、その他の幼虫は普通のハチミツで育てられて「働きバチ」になり、産卵せずに一生働き続け、場合によっては女王バチを守るために自らの毒針を失って死ぬこともあります。

なぜこれらのメスの働きバチは、自らの個体としての遺伝的利益を捨てて、女王バチのために利他的行動を取るのでしょうか？

そもそも、「種」のために「個体」があり、個体の子孫のために「遺伝子」があり、しかもそれらの個体が厳しい生存競争に晒(さら)されているとみなす古典的な自然選択説では、このような利他的行動は矛盾としか考えられません。

ここで従来の発想を根本的に逆転させて、生物界の主役は「個体」ではなく「遺伝子」であり、「個体」は遺伝子の「乗り物」あるいは「生存機械」にすぎないとみなしたのがドーキンスだったのです。

彼は、一九七六年に発表した『利己的遺伝子』において、さまざまな生物に見られる個体の利他的行動が、遺伝子レベルから見れば、すべて利己的行動として説明できることを膨大な例証を挙げて明らかにしました。

会社員　つまり、利己的遺伝子にとって何よりも重要なのは遺伝子を残すことであって、そのためには個体を犠牲にすることもあるけれども、それが利他的行動に見えるということですね？

進化論者　そのとおりです。たとえば、東南アジアに生息する「爆弾アリ」は、外敵が巣に入ってこようとすると、自分の腹を膨らませて破裂して死に、そこから飛び散った粘液が絡み付いて外敵は動けなくなります。

この個体は仲間のために自分を犠牲にした「利他的行動」を取ったように見えますが、実は、巣の多くの個体を助ける方がより遺伝的利益があるので、「利己的遺伝子」が個体を犠牲にしたと考える方がスムーズに説明できるというわけです。

認知科学者　そこで非常に興味深いのは、スタノヴィッチの二重過程理論によれば、ヒトの脳内の「自律的システム」は遺伝子の利益を優先し、「分析的システム」は個体の利益を優先していると解釈できることなのです。

会社員　なるほど、そうだったのか……。

ここまでの話が全部繋がってきた気がします。時として我々が意味不明な行動を取るのは、我々の内部に遺伝子を優先するシステムと自己を優先するシステムが競合しているためなんですね。

認知科学者　まだ確立されたわけではありませんが、スタノヴィッチの学説によれば、まさにそのような競合がヒトの脳内で生じていることになります。

たとえば、マズローの「生理的欲求」や「安全の欲求」は、明らかに遺伝子と個体の両方の利益にかなっていますね。しかし、「愛情と所属の欲求」や「承認の欲求」や「自己実現の欲求」というように個体の利益に重心が移ると、必ずしも遺伝子の利益に直結するとは限りません。

一方、繁殖期を過ぎたヒトの細胞は徐々に機能しなくなり、「老化」するように遺伝子に組み込まれています。周期的に世代交代が生じなければ進化しませんから、こちらは逆に個体の利益とは対立する遺伝子の利益とみなせます。

進化論者　ダーウィンの進化論から百五十年を経て、私たちは、ダーウィニズムの導く「遺伝子」対「個体」という真の驚愕の意味に気付き始めたばかりなのです。

二十一世紀には、あらゆる知的分野にダーウィニズムを浸透させて、これまでの常識を覆すような概念的な方向転換を求めなければなりません。つまり私たちは、「ユニバーサル・ダーウィニズム」を推進しなければならないのです！

方法論的虚無主義者　「ユニバーサル・ダーウィニズム」だって？　論理実証主義者の「科学的世界把握宣言」やワトソンの「行動主義宣言」にそっくりじゃないか！

君たち科学者の大げさな宣言を聞いていると、まるで独裁者が同化政策を推進しようとしているようだな！

科学主義者　そんなことはありません！　私たち科学者は、自分の専門分野の研究を行うだけではなく、その成果を広く大衆に周知させ、さらに科学的な思考法を啓蒙することも重要な使命だと考えているのですから。

方法論的虚無主義者　「科学的な思考法」だって？　そんなものは「絵に描いた餅」にすぎないことをあれほど話してやったのに、まだわからないのか？　それに君たちが使う「啓蒙」という言葉自体、偉そうで気に入らないんだよ！

カント主義者　何が偉そうなんだ！　もともと「啓蒙」とは「暗き」（蒙）を「開く」

（啓）という意味で、すべてを理性の光に照らして明らかにすること、一般大衆が合理的に考えることができるように教え諭すことだ。

一般大衆が宗教的あるいは文化的な因習や偏見から解放されて、公正かつ永遠平和の成立した社会を実現するためには、「啓蒙」が必要不可欠なんだよ。このことは、カントの『啓蒙とは何か』という論文を読めば明確に描写されておるんだが……。

司会者　そのお話は、また別の機会にお願いします。

ここでは「利己的遺伝子」のお話を続けていただけますか？

3　進化と不自由性

運動選手　非常に基本的な質問で申し訳ないのですが、そもそも「遺伝子」とは何なのでしょうか？

進化論者　遺伝子は「デオキシリボ核酸」つまり「ＤＮＡ」と呼ばれる物質です。もう少し詳しく言うと、ＤＮＡは、アデニン・チミン・グアニン・シトシンの四種類の塩基分子が二重らせん構造を描きながら規則正しく絡み合った物質で、それらの分子の組み合わせによって遺伝情報を伝えているわけです。

運動選手　ということは、遺伝子そのものは「生命」ではないのですね？

進化論者　生命ではありません。一般に、これ以上分割したら生命と言えなくなるという意味での生命の最小単位は「細胞」で、ヒトの場合、そのサイズは百分の一ミリ程度です。たとえば、あなたの身体は約六〇兆個の細胞から作られていますが、その細胞すべての中にあなたのＤＮＡが入っているのです。

運動選手　どうも自分の細胞すべての中に遺伝子が入っているというのは無駄なように思えるんですが、どうしてそんなことが起きているんでしょうか？

進化論者　いえいえ、無駄ではなくて、そのＤＮＡのプログラムによって、あなたの身体の全細胞が形成されていることをお忘れなく！

そもそもヒトは、精子と卵子の合体した一個の「受精卵」から生まれます。この受精卵も一個の細胞で、それが母体の子宮内で二つに分裂し、その二つがまた二つに分裂することを四十回ほど繰り返して幾何級数的に増殖し、赤ちゃんになって誕生する時点のヒトは約三兆個の細胞から構成されています。

最初の受精卵の中にあるＤＮＡは、細胞分裂が生じるたびに自分と同じＤＮＡを複製して新たな細胞の中に入れます。そこで、ある細胞は脳になり、別の細胞は内臓や骨や筋肉や皮膚になるといった具合に身体中の全細胞が形成されていくわけですが、なぜこれほどうまく全組織が調整されて一個の個体になるのか、いまだに生物学界の大きな謎なのです。

運動選手　たしかに、百分の一ミリの細胞から始まって、人間の赤ちゃんが誕生するというのは、本当に不思議なことですね……。

それで、最初の受精卵の中にあるDNAは、父親と母親から受け継いだ遺伝子になるわけですね？

進化論者　そうです。細胞内のDNAは、実際には十億分の一メートルつまりナノメートル単位の細長い糸のような二重らせん構造なのですが、それが非常にうまく折り畳まれて「染色体」という形で存在しています。

精子のDNAは父親の染色体の半分の二二本とXかYの性染色体、卵子のDNAは母親の染色体の半分の二二本とXの性染色体ですから、受精卵では合計四六本の染色体が揃います。そこで精子の性染色体がXならばXXで女子、YならばXYで男子になります。

つまり、父親と母親からランダムに半分ずつ受け継いだ四六本の染色体に含まれるDNAに、ヒト一人のすべての遺伝情報が含まれているわけです。

複製子と自己増殖

司会者　あらゆる生命の最初の遺伝子は、どのようにして地球に出現したのでしょうか？

進化論者　まさにそれは生命の起源に関わる難問で、私が伺いたいくらいですよ。生物学界でも、いろいろとテクニカルな論争が続いているのですが、多くのデータを検証した結果、時期的には、およそ四十四億年前だろうということで意見が一致しています。

この当時の原始地球の大気は主として水素とメタンとアンモニア、そこに彗星や小惑星が衝突を繰り返して、水分を含んだ大量の隕石が落下した結果、海が形成されたと考えられています。

一九五三年、シカゴ大学の化学者スタンリー・ミラーは、水素とメタンとアンモニアを無菌化したガラスチューブ内に入れて水蒸気を循環させ、火花放電を継続して行ったところ、一週間後にガラスチューブ内に数種類のアミノ酸が生成されました。つまり、原始地球の大気と雷の生じる疑似状態を実験室で再現したところ、無機物から有機物が生じるという画期的な実験結果が得られたのです。

ただし、その後の研究で、原始地球にはオゾン層がなく紫外線や放射線が降り注いでいたため、アミノ酸が安定して複雑な有機化合物にまで進化できなかったのではないかという反論もあって、生命の起源を隕石に求める説も有力視されるようになりまして……。

司会者　つまり、最初の遺伝子は宇宙から飛来したかもしれないわけですね？

進化論者　その可能性もあります。というのは、アミノ酸は原子が立体的に組み合わさった分子で、左型と右型のように鏡像関係にある「鏡像異性体」が存在します。もしこれが地球上で自然発生したのであれば、どちらも同量になりそうですが、なぜか実際の地球上の生命を構成するタンパク質は、すべて左型アミノ酸なのです。そして、これまでに隕石から発見されたアミノ酸も左型ばかりですから、これを宇宙飛来説の有力な証拠と考える学説もあります。

しかし、たとえば原始地球の深海で噴火する海底火山の周辺では、まったく異質な化学反応も起こりうるので、無機物から化学進化した可能性も否定されたわけではありません。この辺の議論は、もう少し原始地球の詳しい状態が解明されれば、明らかになるでしょう。

いずれにしても、ある段階の原始地球には何らかの化学物質のスープが存在し、そのスープの中で分子同士が浮遊しながらぶつかり合っているうちに安定した分子が生まれ、やがて自分と同じ分子を生み出すようになったはずです。これが「自己増殖」するようになった最初の分子化合物で、ドーキンスはこれを「複製子」と呼んでいます。

それから何十億年もの間、さまざまな複製子が枝分かれして複雑化し、何度もの突然変異を経て、より環境に適応して長生きする複製子が生まれます。ある複製子は、他の複製子を破壊し、その断片を使って自分の複製子を作るようになったでしょう。これが最初の捕食複製子ですね。一方、攻撃された複製子は、自分を守るために分厚いタンパク質の被膜を作って、その中に入って自分を守るようになったかもしれません。ここでドーキンスの「乗り物」が誕生したわけです。

司会者 なるほど。その概念的な「複製子」が「遺伝子」になり、「乗り物」が「生命」になったということですね……。

それにしても不思議なのですが、複製子は何のために自己増殖するのでしょうか？

進化論者 その点についてもいろいろな議論がありますが、ドーキンスによれば、そこには何の意味も目的もありません。複製子は、四十四億年にわたって、さまざまな乗り物を作っては壊してきましたが、その理由は、ただひたすらに地球環境に適応するためだったと考えられます。遺伝子の唯一の目的は、より安定的に遺伝子を残すことで、それこそが「自然淘汰」の真の意味だということになります。

会社員 そうだとすると、「乗り物」は人類でなくてもよかったわけですか？

進化論者 もちろんです。もし過去の地球に彗星や小惑星の衝突がなかったら、そして、その結果として何度かの氷河期がなかったとしたら、いまだに世界を制覇しているのは恐竜だったかもしれません。あるいは、地球の公転軌道がもう少し太陽に近ければ、その環境に最適なまったく別の種の知的生命体に進化した可能性も十分考えられます。

いずれにしても、地球上で最も進化した生物がヒトでなければならなかったという必然性は、どこにもないのです！

設計と複製

会社員　しかし、遺伝子と言えば生命の「設計図」のようなものですよね？　そうなると、どうしてもそこに設計者がいるような気がしてしまうんですが……。

形而上学者　つまり何らかの設計者による「インテリジェント・デザイン」があるのではないかという考え方ですね。この点は「知性の限界」シンポジウムでも議論になりました。

もう一度伺いたいのですが、ランダムな突然変異と自然淘汰だけから生じた割には、生物種はあまりにも複雑多岐にわたり、あまりにも精確に設計されているようには思われませんか？

進化論者　いえいえ、そんなことはありませんし、それにはいくらでも証拠があります。これは非常に大事なことなので、もう一度ご説明しておきましょう。

たとえば、生物の脳を考えてみてください。インテリジェント・デザイン論者によれば、脳こそが地球上で最も高度に「設計」された生物の部分システムであるはずですが、実際の生物の脳は、すべて進化の過程において部品が継ぎ足された寄せ集めにすぎません。その起源は、およそ五億年前のホヤに出現した「神経管」にあり、魚類・両生類・爬虫類では脳の大部分を神経管の膨らんだ「脳幹」が占め、鳥類・哺乳類になると「小脳」と「大脳」が大きくなり、霊長類で大脳に新皮質が発達して、初めて高度な知性が生じます。

つまり、生物の脳は、それぞれが構造に合わせて設計されたものではなく、新たな機能が継ぎ足されて進化してきたわけで、ヒトの脳には生物の進化の歴史が刻まれていることになるわけです。非常に簡単に言えば、トカゲの脳の上に大脳辺縁系を継ぎ足したものがネズミの脳で、それに新皮質を継ぎ足したものがヒトの脳なのです。もちろん、ヒトの新皮質は大脳皮質の九割以上もありますから、ネズミの脳の機能とは比べ物にもなりませんが、構造上はネズミの脳を土台にしているわけです。

ジョンズ・ホプキンズ大学の神経生理学者デイビッド・リンデンは、「脳はさまざまな側面から見て、もし誰かが設計したのだとしたら、『悪夢』と言えるくらい酷いものである」と述べていますが、このことからもインテリジェント・デザインなどなかったことは明らかでしょう。

形而上学者　しかし、何といっても、結果的に地球上で最も進化した生命は、人類ではないですか！　とすれば、その人類を生み出すために進化があったとする世界観が生じるのも当然のことでしょう。実際に、世界中の神話や伝説、宗教的あるいは社会文化的な世界観は、ほとんどが自然の中心に人類を据えるものです。

進化論者　ですから、それらはとんでもなく自己中心的な発想だということですよ。ちょうど中世以前の人々が、地球は全宇宙の中心に位置して、あらゆる星々が地球の周囲を回っていると信じていたようなものです。

簡単なことではないでしょうが、「天動説」から「地動説」への科学革命が生じたように、進化論においても「個体中心説」から「遺伝子中心説」へ向かう科学革命が必要なのです！

科学社会学者　興味深いご指摘ですが、進化論で議論になるのは、人工衛星から地球や太陽を観測するような実際の検証事実が直接的に示されない点でしょうね。というのも、進化は常に結果で示されているからでして……。

進化論者　もちろん進化には非常に長い時間がかかりますから、他の科学と同じようなわけにはいきません。しかし、これまでの研究で明確になっているのは、原始地球に最初に誕生した複製子が、事前の設計や意識がなく、何の意味も目的もないのに、ただ増殖してきたという驚愕の事実です。

もう少し身近な例を挙げてみましょうか……。たとえば皆さんは、「不幸の手紙」をご存知でしょうか？

運動選手　「不幸の手紙」というのは、昔大流行しましたね。小学生の頃、「この手紙と同じ文面の手紙を五人に送らなければ、あなたは不幸になる」という文面の手紙が届いたんですが、なぜか不安になって、ボクも五人に送ったことがありました。今思えば、馬鹿げたイタズラに引っ掛かったものですが……。

進化論者　そこで注意していただきたいのが、「不幸の手紙」そのものには、何の内容も意味もないことです。この手紙の目的は、単純に自分の複製子を増やすことだけなのですが、それでも実際に大流行を引き起こすのが巧妙なところでしょう。

運動選手　今では手紙でなくてメールやネットワークで流行しているわけですから、「不幸の手紙」も進化したわけですか……。

ロボットの叛逆

大学生A　でも、「不幸の手紙」を受け取ったとしても、必ずしも五人に同じ文面を送るとは限らないですよね？　場合によっては、破り捨てたっていいわけでしょ。

進化論者　すばらしい！　まさにそれこそが進化の過程で人類が獲得した「分析的システム」の発想であり、「自由意志」の源泉でもあるのです！

運動選手　それはいったい、どういうことなのでしょうか？

進化論者　もう一度、二重過程理論を思い出してください。

仮に「このメールと同じ文面のメールを五人に送らなければ、あなたは死ぬ」というメールが届いたとしましょう。あなただったら、どうしますか？

まず脳内の「自律的システム」は、通常のヒトが本能的に最も恐れる「死ぬ」という言葉のアンカリングに大きく反応して、何よりもその状況を避けようとします。しかも、メールの命令によれば、そのために必要な労力は五人にそのメールを転送するだけですから、実に簡単です。というわけで、馬鹿げているとわかっていながら「不幸のメール」を転送し、増殖に加担してしまう人々が生じるわけです。

社会心理学者　実に興味深い現象ですね。現代社会には最先端のコンピュータやスマートフォンが溢れている一方で、「不幸のメール」や「チェーン・メール」が流行するとは……。

そのうえ、いまだに占いや予言、霊視や血液型性格判断、迷信やジンクスにこだわる現代人が多いことも、奇妙な現象です。この問題に対しては、もっと広範な社会心理学的研究が必要でしょう……。

進化論者　そうですね。ところが、脳内の「分析的システム」が発達しているヒトにとっては、何の問題もありません。すぐに「不幸のメール」には何の根拠もないことに気付いて、何の恐怖も不安もなく、即座に「ジャンク・メール」に分類して削除するでしょう。

要するに、個体を優先する「分析的システム」が、遺伝子を優先する「自律的システム」の命令に逆らうことができるかどうかによって、具体的な対応が異なってくるわけです。

別の例で考えてみましょうか。たとえば皆さんは、コーヒーやビールがお好きですか？

会社員　私は、どちらも大好きですね！　会社の休息時間には通常コーヒーを飲みますし、仕事が終わればビールですよ。

行動科学者　その嗜好性は、与えられた生活環境における適応行動の一種ですね。もし会社員さんがロンドン駐在だったら休息時間には「紅茶」で仕事の後には「ギネス」かもしれないし、ローマ駐在だったら昼間から「ワイン」かもしれませんし……。

進化論者　たしかにそうかもしれませんが、その事例を進化論的に見ると、もっと別の見解が浮かび上がってくるのです。

そもそもヒトの「味覚」は、基本的には五種類に分類されます。ブドウ糖に代表されるエネルギー源としての「甘味」、ナトリウムイオンに代表されるミネラル源としての「塩味」、クエン酸に代表される新陳代謝促進源としての「酸味」、カフェインに代表される「苦味」、そしてグルタミン酸ナトリウムに代表される「うま味」です。

これにカプサイシンなどの「辛味」、タンニンなどの「渋味」、ホモゲンチジン酸などの「えぐ味」を加えて八種類に広げれば、およそ世界中の飲食物の味の認知をカバーすることができると言われています。

さて、ここで興味深いのは、「苦味」は多くの毒性物質に含まれる味ですから、本来は遺伝的に動物が好む対象ではないということです。実際に、この嗜好性はヒトにとっても先天的ですから、赤ちゃんに甘味を与えると最初から喜んで舐めますが、苦味を与えると泣いて吐き出します。

会社員　たしかに私も子供の頃は苦い物が嫌いでしたね。ピーマンなんか大嫌いで、よく残して母親から叱られていましたよ。どうして大人になると変わったのかな……。

進化論者　植物由来の苦味は「アルカロイド」と呼ばれる毒性物質で、ほとんどの動物は口にしませんし、バクテリアや粘菌に与えてさえ逃げ出します。

植物が毒を作り出した理由は、もちろん、光合成を行う葉や養分を吸い取る大切な根を動物に食べられないようにするためでした。植物は動物のように移動しませんから、毒によって自分を守るように進化したわけです。その反面、種子の入った果実は甘くすることによって昆虫や動物を引き寄せて食べさせ、それらの排泄物によって新たな場所に種子を蒔くことができる仕組みになっています。驚くべき自然の営みでしょう！

植物だけではなくて、実はガマガエルのイボから出てくる「ガマの油」も苦味物質でして……。

司会者　なかなか興味深いお話のようですが、苦味物質と人間の自由意志の話には関係があるのでしょうか？

進化論者　もちろん関係があります。つまり、現在の地球上で、コーヒーやビールをはじめ、茶やワイン、魚介類の内臓やニガウリのような苦味物質を好んで飲食するのは、ヒトだけだということを申し上げたかったのです。

それればかりでなく、ヒトは、アルカロイドからマラリアの特効薬ストリキニーネなどの有効成分を抽出することにも成功しました。こうしてヒトは、他の生物のように苦味物質を避けるのではなく、活用するようになったのです。

大学生C　「良薬は口に苦し」ですか……。なんか見えてきましたよ！

つまり、私たち人間は、利己的遺伝子の命令に逆らうようになったということですね？

進化論者　そのとおりです！　スタノヴィッチは、この現象を「ロボットの叛逆」と名付けました。彼は、次のように述べています。「私たちはロボット――複製子の繁殖に利するように設計された乗り物――かもしれないが、自分たちが、複製子の利益とは異なる利益を持つということを発見した唯一のロボットでもある。私たちは、まさしく、SF小説に登場する脱走ロボット――みずからを創造した存在の利益より、みずからの利益を優先させるロボット――である」

進化する自由意志

運動選手　「利己的遺伝子」の命令に「乗り物」が背くというのは、どういうことなのでしょうか？

進化論者　まず、最も単純な生命を考えてみましょう。たとえば大腸菌は、たった一個だけの細胞からできている「単細胞生物」ですが、この種のバクテリアに寄生するのが「フアージ」と呼ばれるウイルスです。

大学生A　ということは、ウイルス自体は「生命」ではないのですね？

進化論者　ええ、ウイルスは細胞ではないし自己増殖もしませんから、生命ではありません。たんぱく質の膜の中にＤＮＡが入っているだけのバクテリア以上に単純な物質なのですが、これが大腸菌の細胞内部に入り込むと、その成分を勝手に使って百倍くらいに増殖し、細胞膜を突き破って周囲の大腸菌に感染します。

そして、瞬く間に一万個から百万個と増えていくという物質なのですが、このように原始的なウイルスやバクテリアは、どれもＤＮＡの命令どおりに動いているわけです。つまり、ＤＮＡが直接運転する車のようなものなのですが、これが複雑な生命になっていくと、そのようなことはできなくなりますから、ＤＮＡは「一般的問題解決装置」を生命に組み込むようにしたと考えられるのです。

たとえば、サケには、生まれてしばらくしたら川を下って海で成長し、再び川に戻って産卵あるいは放精するというプログラムが組み込まれています。しかも、そこまでの仕事をやり終えたサケの免疫力は急速に低下し、世代交代が頻繁に起こるように、すぐに死ぬ仕組みになっています。

また、ある種のカマキリは、交尾中にメスがオスの頭を食べて、その刺激によってオスが精子を送り込むのですが、これももちろん、DNAの命令によるものでして……。

会社員　考えただけでもゾッとしますね！　私は、カマキリでなくて、つくづく人間に生まれてよかったと思いますよ……。

それにしても人間は、「避妊」によって繁殖せずに性行為を行うようになったわけですから、これこそ遺伝子に対する大叛逆ではないですか？

進化論者　まさに、おっしゃるとおりです。利己的遺伝子は、性行為によって生物の脳内にドーパミンやエンドルフィンが分泌されるような報酬を与え、それによって繁殖が頻繁に生じるような「一般的問題解決装置」を動物に与えました。

ところがヒトは、さまざまな「避妊」の方法を発見することによって、その快楽部分だけを取り出すことに成功したわけです。これこそ最大の叛逆に見えるかもしれませんが、実際には少子化の影響が出ているのは先進国の一部だけです。

世界人口を見ると、十九世紀末に一六億人だった人類が、二十世紀末には六〇億人を突破、二十一世紀末には一〇〇億人を突破するだろうと言われていますから、利己的遺伝子の増殖力は衰えていません……。

司会者　これまで考えたこともありませんでしたが、私たち人間は、利己的遺伝子のロボットとして生まれてきたにもかかわらず、いろいろな意味で利己的遺伝子のプログラムに叛逆し、自らの道を歩もうとしている……。それこそが「自由意志」の力なのでしょうか？

認知科学者 タフツ大学の認知科学者ダニエル・デネットは、まさにそのように「自由意志」を解釈しています。さらに彼は「自由意志も進化する」と考えています。

すでに二重過程理論で触れてきましたように、私たちの脳内の「自律的システム」は無意識的に利己的遺伝子の利益に沿って判断を下していますが、「分析的システム」はそうではなく、あくまでどうすれば私たち自身の利益を最大にできるかを合理的に考えることができます。

たとえば私たちが何かを選択しなければならない場合、ヒトの脳内の「分析的システム」は、プランAとプランBを選択したらどのような結果が起こるのか予測し、どちらが結果的により多くの利益をもたらすかを計算します。さらに、似たような状況でプランAとBを選択したことのある経験者から情報を得たり、プランCやプランDのような別の選択の余地はないのかを友人や専門家に相談することもできます。

つまり、ヒトの脳内の「分析的システム」は、高度な「シミュレーション能力」と「コミュニケーション能力」を身に付けてきたわけで、この能力は、未来社会になればなるほど効率的に進化するはずです。そうなれば、自由意志も同時に進化するはずだというのが、デネットの考え方なのです。

会社員　それは、とてもすばらしい発想ですね……。

現代社会に生きる私たちは、インターネットで世界中の人々と瞬時にコミュニケーションを取ることができるし、ネットワークを通して、何かを選択した場合のシミュレーション結果を確認することもできます。

たしかに私たちは、以前には考えられなかったような「自由」を享受しているじゃないですか！

認知科学者　しかし、さまざまな遺伝病やガン細胞の止まらない増殖、そして個体の「老化」と「死」に至るまで、利己的遺伝子は、ヒトの身体のあちこちにさまざまな爆弾を仕掛けているでしょう。

人類が真の「自由」を手に入れるためには、これらを克服しなければならないのです！

4　人間意志の限界と可能性

司会者　進化論的に考えると、これまで考えたこともなかったような「利己的遺伝子」と「個体」の二重過程モデルから、自由意志の議論ができることがわかりました。

しかし、生命を超えて、もっと根本的な自由意志の問題について考えてみると、「知性の限界」シンポジウムに登場した物理的な「決定論」と「非決定論」の議論と大きく関係しているように思えます。

もう一度伺いたいのですが、あらゆる現象は決定されているのでしょうか？

大学生A　そのお話に関連して、以前からずっと不思議に思っていることがあるんです。「知性の限界」シンポジウムの際にもお話ししましたが、私が小さい頃、占い師のおばさんに「あなたは二十七歳になったらハンサムな外国人と結婚して、男の子と女の子の二人の子供を産みますよ」と言われたことがあって……。

運動選手　なんだって？　ハンサムな外国人と結婚？　くだらない！　そんな占いは、口から出まかせだと言ったじゃないですか！

大学生A　そうそう、その占いを信じているわけじゃないんだけど、その占い師のおばさんの話を聞いたときに、自分の頭の中で「何かが見えた」という衝撃を受けたのよ。

それは、もし本当に未来が見えるんだったら、いろいろなことは全部決まっていて、そうなると結局、すべて終わっているのと同じことじゃないか、ということなんだけど……。

運動選手　「すべて終わっている」って、どういうこと？

大学生Ａ　私たちの生きている現実世界は映画のようなもので、現時点で上映されている映像が「現在」、すでに上映された映像が「過去」、これから上映される映像が「未来」だという感覚かな……。つまり、現実世界の「過去・現在・未来」は、ＤＶＤに記録された一本の映画と同じように、すでに撮影が終わって完成された映像が再現されているだけのような気がしたんだけど、わかってもらえる？

運動選手　Ａ子さんは頭がいいなあ。小さい頃から、そんなことを考えていたなんて……。

司会者　あらゆる未来の出来事が「決定されている」というのが「決定論」の立場でしたが、Ａ子さんは、それを「すべて終わっている」という感覚で受け止めたわけですね？

大学生Ａ　そうです。というのも、その占い師のおばさんは、すごく具体的に、二十七歳の私がウエディング・ドレスを着ている姿とか、二人の子供たちと一緒に遊んでいる光景が「水晶玉に映って見える」と言っていたので……。

もし本当にそこまで鮮明に未来の映像が見えるんだったら、私の運命は単に決まっているだけではなくて、すでに実行されて「すべて終わっている」のではないでしょうか。そうなると、現実の私は、どんなに自由意志で行動しているように見えても、実は定められている運命のレールの上を操り人形のように動いているだけかもしれないという感覚になったんです。

会社員　なるほど、それが「もしすべてが決定されていれば、すべては終わっている」という意味ですか……。しかし、仮にそうだとしても、映画の内部の登場人物にすぎない私たちは、映画を外部から観て、その結末で何が起こるのかを知ることはできませんよね？

大学生A　そうです。でも、もし占い師のおばさんにだけは、ＤＶＤの映画を外部から早回し再生するように、未来の場面を透視できる能力が備わっているとしたら、たしかに未来が見えるのかもしれないと、そのときは思ったのです。もちろん、幼かったからこのように考えただけなのかもしれませんが……。

運動選手　ボクは、人間の自由意志を信じています。なぜなら人間は、未来予測を知った時点で、その予測と違う行動を取ることができるからで、それこそが自由意志のパワーでしょう！　つまり、人間は、どんな未来予測も完全に変えることができるのです。

たとえばボクがＡ子さんに結婚を申し込んで、Ａ子さんが承諾してくださったとしたら、つまりＡ子さんとボクが結婚したら、その過去の占い師の話も大嘘の作り話になるじゃないですか！

ロマン主義者　おいおい、もしかして今の発言はプロポーズだったんじゃないのかね？

大学生C　今の運動選手さんの発言、すごく感動的でした！　そうじゃない、Ａ子？

カント主義者　いったい君たちは、何を勘違いしておるんだ？　今の発言は、「結婚を申し込んだとしたら」そして「承諾してくださったとしたら」という仮定に満ちた仮言用法にすぎないじゃないか！

ここで注意が必要なのは、「もし合格したければ勉強すべきだ」というように、ある目的に対する手段としての行為を命令する「仮言的命令」と、人間に無条件で適用される「定言的命令」とが明確に区別されなければならないという点だ。この識別を明らかにした上で、カントは、道徳が定言的命令でなければならないという注目すべき見解に至ったわけなのだが……。

司会者　そのお話は、また別の機会にお願いします。

ここでは、「知性の限界」シンポジウムで議論された「決定論」と「非決定論」の相違について、もう一度説明していただけますでしょうか。

古典力学と決定論

科学史家　一六八七年、ニュートンが発表した『プリンキピア』によって古典力学が完成しました。その背景には、「全知全能の神」が基本法則を与え、そこから広がる「決定論」的な宇宙という発想がありました。ニュートンは、慣性の法則、運動方程式、作用・反作用の法則を絶対的な公理とみなし、これらの基本三法則から他の物理現象を演繹的に導き出す力学体系を構築したわけです。

『プリンキピア』では、宇宙が絶対時間と絶対空間という枠組みで厳密に定義され、地上の物体の運動から天上の惑星の軌道に至るまで、あらゆる自然現象を計算できるようになっています。

会社員 ニュートンは敬虔な信仰者だったそうですが、「全能の神」という概念は、「神の存在論的証明」のディスカッションにも出てきましたね。人間にもゴキブリにもできる「存在」のように簡単なことができなかったら「全能」ではないのだから、「全能の神」は存在しなければならないという論法……。真偽は別として、よくこんな屁理屈を思いつくものだと感心した記憶がありますが……。

大学生A 私は、「全能」という言葉がすでに矛盾していると思うんです。だって、もし本当に何でもできるんだったら、「どんな盾も突き通すことのできる矛」と「どんな矛も突き通すことのできない盾」を作ることができるはずですよね?

哲学史家 その両方を売っていた商人が、「それでは、その矛でその盾を突いたらどうなるのか?」と客に聞かれて答えられなかったというのが、『韓非子』「難編」に登場する

「矛盾」の語源ですな。

古代ギリシャ時代から知られている論法には、「全能の神は、自分で持ち上げられない石を作ることができるのか」というものがあります。もしその石を作ることができなかったら「全能」ではないし、もしその石を作ることができたら「自分で持ち上げられない」ために「全能」ではないわけです。

大学生A ということは、「全能の神」は反証されたと考えてよいわけですね？

哲学史家 いえいえ、神学者や哲学者がそんな簡単に引き下がるはずがないでしょう。そこからいろいろな議論が生じてきたわけですが、突き詰めると、神であっても論理にしたがうのか、あるいは神は論理をも超えることができるのか、という一大問題に集約できるでしょうな。

神であっても論理にしたがうとみなした神学者トマス・アクィナスは、「全能の神」が「自分で持ち上げられない石」を作らなければならないような事態には決して遭遇しないと考えました。つまり、神に非論理を迫るような状況は生じないわけですから、この種の問題は、考える必要がないというわけです。

その後、彼の完成させたスコラ哲学においては、「神を試してはならない」と声高に叫ばれるようになり、神に非論理を迫るような論法は「不遜」とみなされ、場合によっては

「異端審問」で火あぶりの刑に処せられるようにエスカレートした弾圧も生じました。

一方、神は論理をも超えることができると考えれば、答えは簡単です。「全能の神」は、「自分で持ち上げられない石」を作ることができるし、その石を持ち上げることもできることになります。文字通り完全に「全能」なのですから、人知を超えたあらゆることができるわけで、どんなに矛盾しても平気だし、いかなる論理を破綻させても構わないのです。

論理実証主義者　論理を破綻させるだって？　それじゃあ無意味じゃないですか！　それでは問題に答えたことにもなっていないし、メチャメチャな屁理屈だ！

司会者　まあまあ落ち着いて！　たしかに、おっしゃるとおりだとは思いますが……。「全能」に対して「全知」という概念についてもご説明いただけますか？

科学史家　ニュートンの古典力学を推し進めたのが、「偶然とは無知の告白である」と述べたことで知られるラプラスでした。彼は、任意の一時点で宇宙の状態がわかれば、後はニュートン力学によってすべてが定められる以上、この宇宙の出来事はすべて決定されており、不確定要素の入り込む余地はないと考えました。

一八一四年、ラプラスは『確率の哲学的試論』において、「ある瞬間に宇宙のすべての原子の位置と速度を知ることができるならば、未来永劫にわたって宇宙がどうなるかを知ることができる」と断言しています。

哲学史家　おもしろいことに、その種の「決定論」的な発想は、さまざまな文化圏の神話や伝説にも普遍的に見られるものです。そこで「全知の神」という概念を考えてみましょう。この神はすべてを知っているはずですから、あらゆる人間がいつどこでどのようにして死ぬか、今日から千年後の東京に何匹のカラスがいるか、あるいは一万年後の地球の地下に何バレルの石油が残っているか、いかなる未来の出来事についても知らないことはないはずです。

つまり「全知の神」にとって、現実世界の「過去・現在・未来」は、すべて確定済みでなければなりません。その意味では、A子さんのおっしゃったように、「もしすべてが決定されていれば、すべては終わっている」という感覚が正しいのかもしれませんな。

逆に、もし「未来」が本質的に確定済みでなければ、たとえ神であっても、明日の天気や試合の結果がどうなるのか、ニューヨーク市場でドルが何円で取引されるのかさえ、厳密には予測できないはずです。しかし、これでは「全知の神」という概念自体が成立しないことになるでしょう。

大学生A　そのことも、小さい頃からずっと不思議に思っていたんですが、その後、変なことを考えるようになったんです。それは、もし私が「全知の神」だとしたら、すべてが決定されるような「つまらない世界」は創造しないだろうな、ということでした。

会社員　あははは、それはおもしろい。つまり、あらゆる未来の出来事が「決定されて終わっている」世界は「つまらない世界」だということですね。

大学生A　そうですね。たとえば私たちが映画を楽しむのは、結末を予期できないか、あるいは必ず正義が勝つという程度の結末は予想できたとしても、どのような展開でそうなるのかは知らないからです。もし映画が始まった最初の場面で、細部の隅々まで結末を見通せる映画があったとしたら、その映画を観る必要はどこにあるのでしょうか？

会社員　たしかに、仮に「全知全能の神」が宇宙を創造したとすると、ビッグバンの瞬間、この宇宙の始まりから終わりまで、あらゆる時間と空間で何が起こるのか、すべてお見通しということになりますね。

大学生A　そんなに知り尽くしていたら、すべてが退屈で「つまらない」のではないでしょうか……。ですから、もし私が「全知の神」だったら、逆にどうにかして自分では予測のできない「非決定論的」な世界を創造するのではないかと思ったのです。

相補主義者　なかなか斬新なご意見ですね、お嬢さん。しかし、ご心配なさらなくても、量子力学によって、「全知の神」が存在しないことは明らかですよ。

すでにお話ししたように、十九世紀末から、物理学の世界でも、粒子の運動がニュートン力学では十分に説明できないことが明らかになってきました。物質は電子などミクロの粒子から成り立っているわけですが、それらは「粒子」としての性質と同時に「波」としての性質をもつという量子概念が生じました。

そこで一九二七年、ハイゼンベルクがミクロの世界では粒子の位置と運動量を、「プランク定数」と呼ばれる一定の数値よりも高い精度で同時に測定できないという「不確定性原理」を発表しました。しかも、それは単に観測できないのではなく、粒子と波の状態が「共存」しているため、原理的に観測できないのです！

科学主義者　ちょっとお待ちください、多世界解釈によれば、粒子の位置と運動量は実在論的に確定しているのに、人間には観測できないと考えることもできます。アインシュタインも述べているように、「神はサイコロをふらない」のです！

会社員　そういえば、「理性の限界」シンポジウムでは、アインシュタインの親友だったゲーデルの「不完全性定理」の話も出てきましたね……。

論理学者　人類は、ユークリッド幾何学の時代から完全なシステムを構成しようと夢見てきました。その中でも最も完全なシステムが数学とみなされ、あらゆる数学的命題は真か偽のどちらかであり、それらはいずれ証明されるか反証されるかのどちらかに違いないと信じられてきたのです。ところが、ゲーデルは一九三一年、数学の最も基礎に位置する自然数論においてさえ、真理と証明が必ずしも一致しないという驚異的な事実を明らかにしました。

会社員 たしかゲーデルは、どんなシステムに対しても不完全性定理が成り立つことを証明したんですよね？

論理学者 いえいえ、よく誤解される点なのですが、非常に単純なシステムではそのような事態は成立しません。ゲーデルの不完全性定理が関係してくるのは、少なくとも自然数論を含むような「豊富」なシステムについてのみです。

より正確に言うと、ゲーデルは、自然数論を含む公理系Sにおいて、真であるにもかかわらず、その公理系内部では証明できない命題GをSの内部に構成する方法を示しました。そこから、すべての数学的真理を産出するようなシステムは存在しないことが明らかになったのです。

哲学史家 よくよく考えてみれば、「不完全」と「不確定」という言葉は、ゲーデルとハイゼンベルク以前の数学と物理学には存在しませんでした。「完全」なのが数学で、「確定」することが物理学の使命だと信じられてきたわけですから……。それが、二十世紀に大きく揺らいだのです。自然の一番奥深いところには、まだまだ人類には理解できていない大きな深淵があるというわけですな……。

決定論と非決定論の絶妙なバランス

司会者　つまるところ、決定論と非決定論は、どちらが正しいのでしょうか？

哲学史家　もしあらゆることが決定されているという意味での「決定論」が正しければ、「自由意志」は錯覚にすぎないわけで、存在しないことになります。このような考え方を「固い決定論」と呼びます。

これに対して、「非決定論」が正しければ、もちろん世界は「自由意志」に満ちていることになります。その中間に、どちらも認める「柔らかい決定論」という立場もあります。

司会者　「決定論」と「自由意志」の両方を認める立場が可能なのですか？

哲学史家　それについても議論がありますが、可能だという立場もあります。さらに、「柔らかい決定論」の中にもいろいろな考え方があるのですが、ここでは、ある日本の研

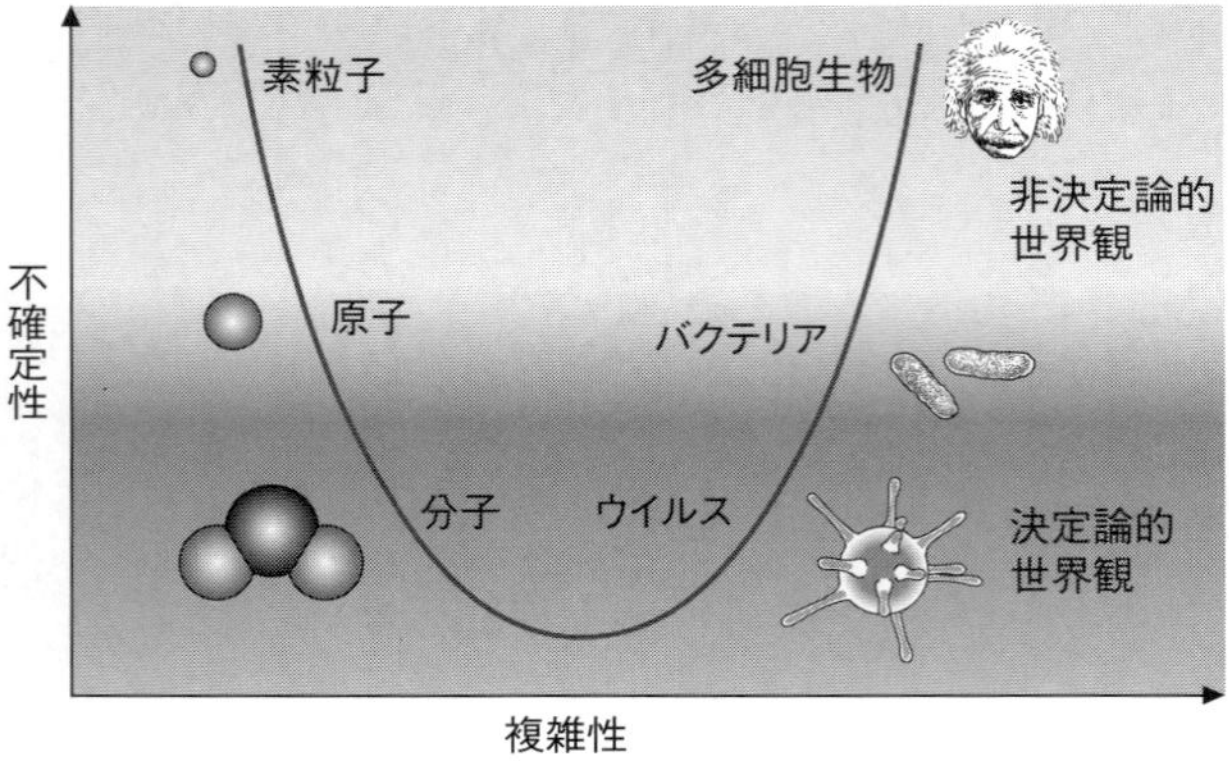

図——複雑性と不確定性の相関イメージ

究者の見解についてお話ししましょう。

彼は、「決定論」と「非決定論」を単に因果的に二者択一で捉えるのではなく、むしろ人間から見た世界観だと解釈しています。この状況を踏まえて、「決定論的世界観」と「非決定論的世界観」についてのイメージは、「複雑性」をX軸、「不確定性」をY軸に表現すると、上のように図式化されます。

この図をご覧いただければわかるように、ミクロの世界になればなるほど、ハイゼンベルクの不確定性原理に示されるような量子力学的な不確定性の度合いが高くなります。これが原子から分子、分子化合物からボールのようなサイズ以上の物体になれば、ニュートン力学にしたがって正確に予測できるようになります。この意味で、一定サイズ以上の無機物の運動は「決定論的世界観」によって認識できます。
一方、ウイルスからバクテリア、多細胞生物から人間に至る有機物について考えてみると、その行動には「欲求」や「意志」のような新たな不確定要素が加わり、因果的に予測することが困難になっていきます。
いつインフルエンザが突然変異を起こして大流行するか、複雑なレース展開の競馬でどの馬が勝つのか、人間の子供が成長してどんな大人になるのか、このような複雑系の出来事は、とてもニュートン力学だけでは予測できません。それればかりでなく、明日の朝、家族の機嫌がよいかどうか、自分自身がどうかさえ不明でしょう。その意味で、とくに知性と感情を備えた生命の関わってくる世界は、ミクロの世界と同じレベルの「非決定論的世界観」で認識しなければなりません。

司会者　なるほど……。要するに、「決定論的」か「非決定論的」かは、認識の問題だと考えるわけですね？
ということは、「決定論」も「非決定論」も、時間や空間のスケールによって使い分ければよいということですか？

哲学史家　少なくともその研究者は、そのように考えているようです。仮に世界があまりにも「決定論的」だったら、それは単純で退屈でつまらなかったでしょうし、世界があまりにも「非決定論的」だったら、すべてが複雑で混乱してメチャメチャだったでしょう。

ところが彼によれば、これらの二つの世界観が絶妙のバランスで成立する世界だったからこそ、人類はここまで進化できたのではないかというわけです。

方法論的虚無主義者　あははは、なかなかおもしろい発想じゃないか！「決定論」か「非決定論」か、永遠に続く平行線のままの議論を繰り返すよりも生産的なのではないかね？

まあファイヤアーベントによれば、「何でもかまわない」からこそ多彩な発想が生まれるわけだが……。

司会者　さまざまな意味で、人間意志の限界と可能性が見えてきました。それでは、いったんこの話題は打ち切って、休息したいと思います。

一同　(拍手)

第三章　存在の限界

1　死とは何か

司会者　それでは、第三のセッション「存在の限界」を始めさせていただきます。

このテーマを選んだのは、ここまでの「感性の限界」シンポジウムで議論されてきた「愛」と「自由」の問題に加えて、私たち人間は最終的に必ず「死」を迎えるという宿命を背負っているからです。

そもそも「死」とはどのようなことなのでしょうか？　それは未来には乗り越えることができるのでしょうか？　そして、その限界はどこにあるのでしょうか？

進化論者　生物学的に考えると、単細胞生物のように細胞分裂によって増殖していく生命には、そもそも「死」は存在しませんね。

たとえば大腸菌は、自分自身が二つに分裂して、それがまた二つに分裂して増えていきますから、クローンのように同じＤＮＡの大腸菌が延々と続いているわけです。つまり、いくら個別の大腸菌が死んでも、それとまったく同一の大腸菌が生き続けているわけですから、通常の意味で想定されるような「死」の概念は当てはまらないでしょう。

大学生C　考えてみればそうですね！　もし私とまったく同じ私のクローンがいたら、私が死ぬことにどんな意味があるのかな……。

進化論者　一般に、大腸菌のような自己分裂による増殖を「無性生殖」、二つの性の合体による増殖を「有性生殖」と呼びます。「有性生殖」では、オスとメスのＤＮＡがランダムに混じり合って子供に引き継がれますから、まったく同一のＤＮＡを持つ子供が別々に生まれる可能性はありません。一卵性双生児のように特殊な場合でも、指紋は違いますし、環境によって二人の個性は変わります。

さきほどヒトの女性の卵子に含まれる染色体が二三本であることをご説明しましたが、遺伝的には、その各々に父方か母方の染色体が入るので、その組み合わせは二の二三乗で約八四〇万通りになります。これを本人の染色体四六本から二三本へ減らす「減数分裂」と呼ぶのですが、その分裂の間には父方と母方の染色体の一部が組み換わる「交差」が生じるため、実際のＤＮＡの組み合わせは、さらに増えます。

この膨大な組み合わせから生じた卵子の二三本に、同じく膨大な組み合わせから生じた精子の二三本の染色体が合体して受精卵の四六本の新たなＤＮＡを形成するのですから、もはやその組み合わせの可能性は、十の六百乗以上と推定されるような計り知れない数値になります。

このような組み合わせを経て生まれてきた個体は、この宇宙で他に類を見ない「唯一無二」の存在と言えます。したがって、その個体の「死」が、特別な意味を持つようになったと考えられるのです。

宇宙のスケールと進化

大学生C　十の六百乗分の一ですか！　今ここに私が存在していること自体、何度も何度も続けて宝くじの一等に当たったくらいの「奇跡」なんだから、命を大切にしなければならないという話を聞いたことがありますが、そういう意味だったんですね！

それにしても、ずっと不思議に思っていたんですが、なぜ生物はオスとメスに分かれたんでしょうか？　無性生殖の方が、ずっと合理的に増殖できると思うんですが……。

進化論者　実際、地球に生命が誕生して以来、三六億年近くは無性生殖を行う単細胞生物しか存在しませんでしたが、およそ八億年前から有性生殖が始まりました。それによって、さまざまな環境に適応した多種多彩な生命が誕生し、飛躍的な進化が可能になりました。つまり、「有性生殖」の最大の理由は「多様性」にあると考えられているのです。

単純に増殖という観点だけからすると、たしかに無性生殖の方が「合理的」に見えるかもしれませんが、仮に地球環境が大腸菌に適応できないものに変わったら、その瞬間に、すべての大腸菌が絶滅してしまうかもしれませんね。これに対して、生物が多種多様であればあるほど、どれかの生物が環境に適応して生き残る可能性が増えてきますから、遺伝子は「有性生殖」の生存戦略を採るようになったのです。

大学生C　それじゃあ、どうして大腸菌は絶滅しなかったんですか？

進化論者　大腸菌は、その名前のとおり、哺乳類や鳥類のように生存能力の高い生物の大腸に寄生することによって生き延びました。この菌は、最適な温度設定で十分な栄養を与えれば、二十分ほどの短い時間で分裂しますから、一個の大腸菌が翌日には一兆個にも増殖します。

おそらく、大腸菌にも過去数億年の間には何度か絶滅の危機もあったはずですが、たった一個の個体さえ生き残ることができれば、再び驚くべき増殖力によって蘇ることができるのです。いわば無性生殖は、ひたすら増殖することによって生き残りを目指す「質よりも量」の生存戦略を採っているわけです。

これに対して有性生殖は、それほど大量に増殖するわけではなく、個体の成長にも時間がかかりますが、環境に対する適応の柔軟性が非常に高く、「量よりも質」を重視した生存戦略だと言えます。

大学生C　おもしろいですね！　ただ、進化論のお話を伺っていると、あまりにも大きな数字がたくさん出てくるので、イメージが摑めなくなってしまうんですが……。

進化論者　たしかに進化のスケールは何億年単位ですから、私たちの日常感覚からは想像することが難しいですね。それでは、もっと大きな宇宙のタイムスケールからご説明してみましょう。

現在、宇宙の年齢は一三七億年であることがわかっています。これは、ビッグバンで放出されたマイクロ波の観測によって判明した数値ですが、この一三七億年を一年間に当てはめてみます。

まず、一月一日午前零時ちょうどにビッグバンが生じたとします。すると、三月頃に銀河系の基礎、八月頃に太陽系の基礎が形成され、地球が誕生するのは八月下旬になります。そして九月に最初の単細胞生物が出現し、十一月下旬に多細胞生物に進化します。

十二月十八日、陸上に原始植物、海中に魚類が発生し、二十日、両生類が陸上にも生息できるようになります。二十四日に最初の恐竜が生まれ、二十五日に哺乳類、二十七日に鳥類が出現します。ところが二十九日、巨大な彗星または小惑星が地球に衝突して、地球大気に広範な影響を及ぼし、その影響によって恐竜が絶滅します。

十二月三十一日、午前十時頃に類人猿、午後九時二十四分に直立歩行する原人が出現、午後十一時五十四分、解剖学的に現代人と同じ人類が誕生し、十一時五十九分四十五秒に言語を使うようになります。文字を印刷できるようになるのが十一時五十九分五十九秒で、産業革命以降のニュートン力学から宇宙開発に至る人類の進歩は、最後の一秒以内に生じたということになります。

大学生C　人類の進歩は、大晦日の最後のたった一秒ですか。宇宙の時間の流れの中では、人類なんて簡単に押しつぶされそうなイメージですね……。

そのタイムスケールでは、私たちの一生はどうなるのでしょうか？

進化論者　およそ十分の一秒程度の計算になりますね。

会社員　いやあ、実に儚いものですねえ……。

それにしても、恐竜はすごく長期間、地球上に君臨していたんだなあ。

進化論者　ヒト属の最初の種ホモ・ハビリスが二四〇万年前、現生人類のホモ・サピエンスが二五万年前の出現だという時間レベルと比較すると、一億六〇〇〇万年も生存し続けた恐竜は桁違いですね。

しかし、何よりも驚くべきことは、最初に誕生した生命の「複製子」が、無数の生物を「乗り物」にしながら進化を続け、結果的に四十四億年も生き延びているということです。これは宇宙の年齢の三分の一近くに相当する時間なのですから、驚異的ではありませんか！

ミーム

カント主義者　どうも君の話を聞いていると、人間よりも遺伝子が大事だと思っているようだが、それではカントのように結婚もせず、子孫も残さなかった人間には意味がないということかね？

進化論者　いえいえ、そんなことはありません！　カントは数多くの著書や論文を遺し、その哲学は今でも世界中の大学や研究機関で研究され、人類の思想に大きな影響を与え続けているではありませんか！　それこそが「カント・ミーム」なのです。

カント主義者　「カント・ミーム」だって？　何だ、それは？

進化論者　「ミーム」というのはドーキンスの造語で「非遺伝的な複製子」のことです。彼の定義によれば「コミュニケーションをする複雑な脳によって用意される環境だけで繁栄する」複製子であり、「脳から脳へ伝達される最小単位」の情報ともみなされます。この種の複製子については、さきほど「不幸の手紙」の例を挙げましたが……。

カント主義者　君は、カントと「不幸の手紙」を一緒にするつもりなのか？

進化論者　内容は全然違いますが、複製子が増殖するという意味では似ていませんか？　たとえば、カントの哲学を学んで感動した大学生が、後に大学の先生になってカントを教えるようになれば、あたかも子孫が繁栄するように、カントの哲学は世代間で受け継がれていくことになるでしょう！

カント主義者　思い起こせば、たしかに私の指導教官はカントの専門家、その指導教官の指導教官もカントの専門家だった……。

さらに、私の指導教官の指導教官もカントの専門家であり、その前の指導教官に遡ると、畏れ多くもカントの『純粋理性批判』を日本で最初に翻訳し詳細な注釈を加えることによってカント研究の端緒を開かれた大先生に達するのであって……。

司会者　そのお話は、また別の機会にお願いします。

要するに、「ミーム」は世代間で受け継がれるということですね。どうも聞いていると「ネーム」に似ていますが、「名前が残る」というようなニュアンスも入っているのでしょうか？

進化論者　そうですね。もともとドーキンスは、ギリシャ語源の「模倣」(mimeme)と「遺伝子」(gene)から「ミーム」(meme)という言葉を造ったのですが、当然その発音が「ネーム」(name)に近いことも意識していたわけです。

たとえば、インターネットで「カント」（Kant）という言葉を検索すると、一千万近くのウエブサイトが見つかります。今日も、世界中のどこかで「カント」についての情報が書き込まれ、誰かがそれを読むことによって、第三者の脳に「カント・ミーム」が受け継がれていくわけです。

カント主義者　そのサイトの情報が間違っていたらどうなるんだ！　それでなくともカントの哲学を正確に理解した研究は少ないのに、初心者が間違った情報に振り回されては困るじゃないか！

進化論者　間違った情報は、いずれ修正されるでしょうし、あるいは情報を受け取った脳が他の情報と突き合わせて、整合性のない情報の方を削除する場合もあるでしょう。

ここで重要なのは、ミームも遺伝子と同じように「自然淘汰」されるし、情報としては「適者生存」の原理が適用されるということです。

科学主義者　ロンドン大学の哲学者カール・ポパーの「進化論的科学論」によれば、環境に適応できない生物が自然淘汰されるのと同じように、古い科学理論も観測や実験データによって反証されて排除されなければなりません。

このことは「理性の限界」シンポジウムでもご説明しましたが、ポパーの科学理論は「科学ミーム」と呼べるかもしれませんね！

方法論的虚無主義者　まだわかっていないようだな……。実際の科学史上では、すでに反証された科学理論が蘇った例をいくらでも挙げることができる。このことは「知性の限界」シンポジウムで教えてやったじゃないか。

つまり、ポパーの科学理論自体が反証されているんだから、そんなものを「科学ミーム」と呼べるわけがないじゃないか！

司会者　そのお話は、また別の機会にお願いします。

死とミーム

大学生A　ちょっとわからなくなったんですが、「遺伝子」はDNAという物質で定義されていますよね。でも、「ミーム」というのは、本当に存在するんでしょうか？

今のお話を伺っていると、科学理論も情報も、「不幸の手紙」や流行も、何でもかんでもミームと呼ぶことができるような気がするんですが……。

進化論者　なかなか鋭いご質問ですね。実は、遺伝子のアナロジーとしてのミームの有効性については、さまざまな議論があるのです。

おっしゃるとおり、勝手にいろいろな現象を進化論的なアナロジーで表現しているだけではないかという批判もありますし、逆にすべてが遺伝子とミームで説明できるという見解もあります。

とくにミーム概念の重要性に注目して「ミーム学」を提唱しているプリムス大学の心理学者スーザン・ブラックモアになると、ヒトは、生物学的には遺伝子の乗り物としての「ジーン・マシン」、社会学的にはミームの乗り物としての「ミーム・マシン」ということになります。

カント主義者　ミームというのは、なかなかよい考え方じゃないか。偉大なカントが逝去して二百年以上になるのに、現代社会に「カント・ミーム」が脈々と受け継がれておるというのは、すばらしいことではないかね！

運動選手　ボクらもいつかは必ず死ぬわけですが、人々の記憶の中では生き続けることができる。これがミームですよね？

大学生C　カントのような有名人だったら長く残るのかもしれないけれど、一般人の場合、その記憶は長続きしないんじゃないかな……。

私の母方の実家は江戸時代から続く商家で、家系図を見たことがあるんですが、人間の名前は延々と連なっていても、その人たちのことは何もわからないんですよ……。

進化論者　それは興味深いですね。江戸時代初期の日本の人口は、現代の約十分の一の一千万人程度だったと推定されていますから、仮に各世代が三十歳で子供を産んできたとすると、およそ十世代の家系図ということになりますね。

大学生C　そうそう、母の実家を継いだのは母の長兄で、十二代目だと聞きました。でも家系図に載るのは直系の跡継ぎだけですから、母は名前が出るだけで、その子どもの私は掲載されないんです。

科学主義者　家系図があるかどうかは別として、今ここにいる私たちには、必ず江戸時代に生きた先祖が存在します。さらに、安土桃山時代、室町時代、鎌倉時代、平安時代、奈良時代、縄文時代と遡ることもできるはずですし、ホモ・ハビリスからアウストラロピテクス、そして四四〇万年前のラミダス猿人にまで、必ず先祖が存在するのです！

大学生C　でも、その膨大な数の先祖のことを、私たちは何も知らないでしょう？　つまり、ミームは時間とともに消え去っていくものだと思うんです。

死と遺伝子

会社員　私たちの先祖個々人のミームは消え去ったかもしれないけれど、私たちという子孫が残っているじゃないですか！

たしかに私たちは、遺伝子の乗り物で、長くても百年程度しか生きられない儚い命かもしれませんが、子孫を残すことはできる……。

私たちの世代は消えても、次の世代に遺伝子を引き継ぐことによって、私たちの世代の存在価値があったことになるのではないでしょうか？

進化論者 そこで注意していただきたいのは、「遺伝子が私たちの複製を作るためにある」のではなくて、「私たちが遺伝子の複製を作るためにある」という点です。

よく「自分は死んでも、自分の遺伝子は子供に引き継がれる」という意見を聞きますが、厳密に言うと、この見解は間違っているということです。

会社員 それはなぜですか？

進化論者 さきほどもご説明したように、ヒトの遺伝子は、ランダムにかき混ぜられたうえ、子供には二分の一しか伝わらないからです。この度合いは、孫には四分の一、曾孫には八分の一というように徐々に薄まっていきます。あるヒトから五世代後になると、そのヒトの遺伝子と重なるのは三二分の一にすぎなくなりますから、もはや共通点があるかどうかを見極めることさえ困難になるでしょう。

ドーキンスは、次のように述べています。「世代が一つ進むごとに、われわれの遺伝子の寄与は半減してゆくのだ。その寄与率は遠からず無視しうる値になってしまう。われわれの遺伝子自体は不死身かもしれないが、特定の個人を形成する遺伝子の集まりは崩れ去る運命にあるのだ。エリザベス二世は、ウィリアム一世の直系の子孫である。しかし彼女がいにしえの大王の遺伝子を一つも持ち合わせていない可能性は大いにあるのである。繁殖という過程の中に不死を求めるべきではないのである」

会社員　それは衝撃的すぎますね！　私は、子供ができれば「自分の遺伝子」を引き継いでくれるものとばかり思っていましたが、たしかに引き継がれるのは「利己的遺伝子」で、「自分の遺伝子」といえるものは、どんどん薄まっていくばかりなんですね……。

となると、「自分が生きた証」のようなものは、やはり自分のミームしかないのでしょうか？　しかし私のミームなんて、私を知っている人が皆亡くなったら、すぐに消え去ってしまうだろうし、結局、私たちは、記憶からも子孫からも消え去る運命なのでしょうか……。

2　カミュの形而上学的反抗

フランス社会主義者　私は、人間にとって最も崇高なのは、「自分が生きた証」を残すというよりも、むしろ自分を捨てる「無私の行為」なのではないかと思います。

さきほどアイヒマンのことをお話ししましたが、戦争中の極限状況ほど人間の本性が暴露される場面はありません。私はホロコーストに関する調査を行っているのですが、ごく普通の人々が、状況によっては、通常では考えられないようなエゴイスティックで卑劣な行動に走ることに驚かされます。その一方で、信じられないほどの献身や自己犠牲を見せる姿にも胸を打たれます。その一例をご紹介しましょう。

一九四一年七月三十一日、ポーランドのアウシュヴィッツ強制収容所の第十四バラックから一人の収容者が脱走しました。この収容所では、一人が脱走するたびに十名の収容者が無作為に選ばれて死刑になる規則になっています。もちろん、この脱走者もその規則を知っていたはずですが、それでもこの男は、自分が助かりたい一心で逃げたのでしょう。

脱走の事実が明らかにされた日の朝、第十四バラックの六百名の収容者全員が整列させられ、副所長のナチス突撃隊隊長カール・フリッチュが列から列へと歩き回りながら、適当に十名を選んで列の脇に出るように言いました。彼らが死刑になるのです。

すると、選ばれたフランシスコ゠ガヨヴニチェクというポーランド人が、自分には子供がいて養わなければ一家全員が飢え死にしてしまうから、どうか自分を除外してほしいと泣きながら叫びました。すると、一人の収容者が列の脇に出て、自分がガヨヴニチェクの身代わりになろうと言ったのです。それが、マクシミリアン・コルベ神父でした……。

運動選手　それは本当に崇高な行為ですね。ボクには、とても真似できませんが……。

フランス社会主義者　彼らの死刑は、収容者への見せしめにするため、地下室の「餓死牢」に閉じ込めて、水も食料も与えずに死ぬまで放置するという残酷極まりない方法で行われます。

多くの死刑囚は、渇きと飢えで苦しみのあまり精神錯乱になるのですが、コルベ神父は取り乱すこともなく他の死刑囚を励まし続け、六人が死んでいくのを見届けました。看守の証言によれば、祈りの声が響く「餓死牢」は、それまでとは違って聖堂のようだったそうです。その後、二週間が過ぎてもコルベ神父を含む四人が生きていたため、収容所所長が見かねて、八月十四日、彼らを注射刑にしました。神父は、享年四十七歳でした。

司会者　それで、助けられた収容者は生き延びることができたのでしょうか？

フランス社会主義者　ええ、コルベ神父に命を救われたガヨヴニチェクは、九十四歳で亡くなるまで、神父の功績を称える講演を世界各地で行いました。

コルベ神父は、カトリックのフランチェスコ教会付属の小学校にいた頃から数学に秀でて、教師から「司祭にするには惜しいほどの才能」と言われるほどでした。ローマの大学と大学院に進学して哲学博士号と神学博士号を取得、神学校の教授を経て、長崎で宣教活動を行い、帰国後にはニエポカラノフ修道院院長になりました。戦争がなければ、信仰と学究に満ち足りた人生だったでしょう。

しかし、一九三九年、ナチス・ドイツのポーランド侵攻が始まり、コルベ神父はナチスに批判的な文章を書いたという罪で強制収容所に入れられたのです。そこで、もしそれが第十四バラックでなかったら、もし脱走者がいなかったら、そして、もしガヨヴニチェクが叫ばなかったら、きっと神父は終戦後に解放されていたに違いありません。

究極の選択

会社員　たしかに、その場にコルベ神父が存在したことには、「宿命」のようなものを感じますね。ただ、キリスト教徒の場合、それこそが神の与えた試練だということになるのでしょうが……。

フランス社会主義者　たしかにコルベ神父には信仰があったからこそ、苦難に耐えることができたのかもしれません。一九八二年、コルベ神父はポーランド出身のヨハネ・パウロ二世から列聖され、「アウシュヴィッツの聖人」と呼ばれるようになりました。

もう一つアウシュヴィッツで忘れられない出来事は、「ソフィーの選択」です。この話は、実話をもとにしてアメリカの作家ウィリアム・スタイロンが小説化してピューリッァー賞を受賞し、後に映画化されました。

ポーランド人女性のソフィーは、ナチス・ドイツに父と夫を殺され、幼い息子と娘とともに重病の母親の世話をしながら細々と暮らしていました。その母親に食べさせようと、禁止されている闇市でソーセージを買ったという罪で捕まり、二人の子供と一緒にアウシュヴィッツ収容所に連行されます。

収容所の入り口で、収容者を一般の労役収容所に送るか、あるいは労働不能者とみなして毒ガス室に送るかを選別するのは、ナチス親衛隊軍医の役目です。その軍医は、ソフィーに向かって、子供を二人とも助けるわけにはいかないが、一人なら助けてやるから、どちらの子供にするか選べ、という悪魔のような言葉を吐いたのです!

ソフィーは身体から崩れ落ちて、「選べません! 私には選べません!」と泣き叫びますが、選ばなければ二人とも毒ガス室行きだと言われて、とっさに息子の手を取ります。その瞬間、泣き叫ぶ娘を兵士が抱えて連れ去ってしまうのです……。

大学生A 私、その映画を観ましたが、二歳くらいの娘が母親に向かって張り裂けるような大声で泣き叫ぶ姿が目に焼き付いています。今でも思い出すたびに涙が出てきますが、あんなことがあったなんて、本当に残酷だと思います……。

フランス社会主義者　戦争は、心底残酷で悲惨なものですよ。尊い人間の命が、耐えきれないほど軽く扱われるようになるのですから……。

スタイロンの原作には細かい描写があるのでよくわかるのですが、実はソフィーの選択は、軍医と会った瞬間に始まっているのです。昼間から酒に酔っている軍医が、「おまえはポーランド野郎か、共産主義野郎の女か」と喚きながら、うんざりした表情で、列に並んでひしめく群衆に目をやります。もしソフィーが黙って何も理解できない振りをしていたら、そのまま三人とも労役収容所へ向かう列に送られたかもしれなかったのです。

ところが、ソフィーはドイツ語を話すことができました。実は彼女の父親はナチス・ドイツを信奉する大学教授で、ヒトラーのユダヤ人絶滅宣言を礼讃する論文をソフィーに口述筆記でタイプさせたほどでした。その父の助手が彼女の夫で、やはりナチス信奉者でしたが、二人とも捕まって処刑されたのです。

当時のナチス・ドイツは、戦線を拡大するために、何よりも短期間でポーランド全土を掌握する必要に迫られていました。そこで指導部は、ナチス賛同者であろうと批判者であろうと構わずに、とにかく発言力のある指導的立場のポーランド人を捕まえて収容するという戦略を採りました。そうすれば残る大衆は「烏合（うごう）の衆」で扱いやすくなるからという理由で、政治家や新聞記者はもちろん、ソフィーの父や夫のような大学教員、コルベ神父のような宗教者まで、場合によっては罪状を捏造してでも、無理矢理に逮捕して処刑したのです。

会社員　聞けば聞くほど、ナチスの論法には驚かされますね。目的を達成する意味では合理的なのかもしれないけれど、そこにまったく人間味が感じられない……。

フランス社会主義者　ところがソフィーは、目の前にいる悪魔の軍医を、普通の人間だと信じてしまったのです。彼女はドイツ語で、「私はポーランド人です。ユダヤ人じゃありません。子供たちも純潔のポーランド人です。ドイツ語も話せます。キリスト教徒です。信心深いカトリックです」と、まくしたてました。

ソフィーは、子供たちを助けたい一心で、ドイツ語で話せば軍医に気に入ってもらえると思ったのですが、それは悪魔の軍医に対しては逆効果でした。彼はソフィーの態度を冷笑して、「なるほど、おまえはユダヤ人じゃない、ポーランド人だったな。それなら特別に選択の権利を与えてやろう。子供を一人選べ」と、ソフィーに選択を迫ったのです！

加害者と被害者

大学生C　聞いているだけで、ソフィーが可哀そうになって泣きそうになります……。

それで、ソフィーと男の子はどうなったのですか？

フランス社会主義者　スタイロンの原作では、ソフィーは、ドイツ語とタイプができるということで、収容所所長ルドルフ・ヘスの秘書になります。男の子は児童収容所に連れて行かれました。ソフィーは、その男の子の国籍をドイツに変えてもらう約束で所長の言いなりになりますが、所長は約束を無視して何も手を打たなかったため、その子も病気で亡くなってしまいます。

もともと男の子は病弱だったので、ソフィーは錯乱状態の中で彼を選択したのですが、実際には女の子を選んだ方が生き抜いた可能性が高かったのかもしれません。ソフィーは、そのことでも生涯自分を責め続け、最終的に青酸カリを飲んで自殺しました。

大学生C　その収容所所長は許せませんね！　軍医もそうだけど、どうしてそんなに卑怯なことができるんでしょうか？

急進的フェミニスト　男たちが卑怯だったために、どれだけ罪のない女性たちが虐げられてきたことか、歴史を振り返れば枚挙にいとまがありませんよ。そもそも男たちは、女性がいなければ生まれることもできなかったくせに！

ただし、とくにナチスのように絶対服従が強要される独裁体制の共同体では、彼らのような屈折した精神構造が生まれやすいこともたしかです。その意味では、彼らも犠牲者だったのかもしれないわね……。

司会者　男性が「犠牲者」ですって？　珍しいことをおっしゃいますね。それは、どういう意味ですか？

急進的フェミニスト　生まれたての赤ちゃんは、自分が男だとか女だとか、何も意識していないでしょう。でも、成長するにつれて周囲から「男は男らしく、女は女らしく」という社会文化的な「性役割」すなわち「ジェンダー」概念が押し付けられる。現代ジェンダー論を創始したフランスの哲学者シモーヌ・ド・ボーヴォワールが「女は女として生まれるのではない、女は女になるのである」と『第二の性』で女性の解放を呼びかけたのは、本来そういう意味です。

歴史的に見ると、多くの文化圏で「男性」が「強さ、権力、公的、合理的、積極性」、「女性」が「弱さ、補助、私的、感情的、消極性」のような概念に象徴される二項対立的性役割が与えられた。さらにナチス・ドイツでは、あらゆる男性が「民族がすべてであり、個人は無である」と断定する独裁者ヒトラーを頂点としたピラミッド型の権力組織に組み込まれ、国家主義・軍国主義・官僚主義だけが優先される中で、各個人の自由や個性や感性は無視された。

ここまで自己を犠牲にして、上官に絶対服従を強いられる階級集団では、そのストレスを弱者に向けるしかなくなるでしょう。だから彼らは、敗戦が近付くにつれて、妬み深く、卑怯で狡猾で、屈折した精神構造を持つようになった。その犠牲になったのが、ユダヤ人をはじめポーランド人やロマ人などの少数民族、共産主義者や同性愛者、そして身体障害者や精神障害者だった。いったんそのレッテルが貼られたら、彼らは人間ではなく家畜扱いされて、毒ガス室に送られたり、人体実験の道具になったり、断種や中絶の犠牲になったりした。

アイヒマンのような上官は命令するだけだけれど、実際にその命令を実行しなければならない最下級の軍人や軍医は、服従しながらも精神荒廃寸前になっていく。だから、「彼らも犠牲者だったかもしれない」と言ったのよ。

会社員　ソフィーに選択するように命令した軍医が昼間から酒を飲んでいたというのも、本当は選別がやりきれなかったからでしょうね。そのように考えると、戦争は、あらゆる人間を犠牲者にしてしまうんだなあ……。

フランス社会主義者　そうはいっても、加害者と被害者の間には天国と地獄ほどの差がありますよ！　実際にコルベ神父やソフィーのような状況に置かれたらどうしますか？

大学生C　そうですよね。もしコルベ神父が身代わりにならなかったとしても、ソフィーが女の子の方を選んだとしても、それはそれで一生、悔んで苦しみ続けなければならなかったでしょう。どちらを選択したとしても「救い」がないから、辛いのです。もし私だったら、きっとソフィーと同じように耐えられなくなっただろうと思います。

自殺と真理

実存主義者　フランスの哲学者アルベール・カミュは、『シーシュポスの神話』の冒頭で、「真に重大な哲学上の問題はひとつしかない。自殺ということだ。人生が生きるに値するか否かを判断する、これが哲学の根本問題に答えることなのである」と述べています。

それでは、実際に自殺する人間は、「人生が生きるに値するか否か」を考え抜いた結果として自殺を選択しているのかというと、そうではないというのがカミュの答えです。人々は、誰かが自殺した後に、「ひと知れず煩悶していた」とか「不治の病があった」などと説明しますが、自殺の本当の原因は些細なものであって、たとえば自殺の当日、誰かが自殺者によそよそしい口調で話しかけただけのことかもしれません。

カミュが挙げているのは、五年前に娘を亡くして人が変わったようになり、ついに自殺した男の例です。彼はなぜ自殺したのか？　その理由は、彼の心の「内部に穴があきはじめる」ことから始まり、心の中を「蝕み食い荒らしてゆく虫」こそが元凶であって、ついに何かのきっかけで「死」へ向かって一押しされるものだと言うのです。

フランス社会主義者　その感覚はよくわかります。ソフィーが自殺したのも、すべてを捨ててアメリカに渡った後ですが、どんなに環境を変えても、彼女の心の内部の「穴」は埋められなかったのでしょう……。

実存主義者　カミュによれば、自殺の問題に比べれば、真理の追究は「遊戯」にすぎません。たとえば、地球と太陽のどちらがどちらを回るのか？　カミュは、そのような「本質」に関する問題は、人間に与えられた「実存」に比べれば、どちらでもよいことであり、「取るにたらない疑問」だとみなすのです。

科学主義者　ちょっとお待ちください！　真理の追究が「遊戯」ですって？「取るにたらない疑問」？　何をおっしゃるんですか、私たち人類にとって最も重要な目的は、真理の追究じゃないですか！

実存主義者　そうですか？　たとえばガリレオは「地動説」を主張していたにもかかわらず、当時のキリスト教会から異端審問で脅されて生命の危険が迫ると、いとも簡単に真理を放棄したじゃないですか！

自分の生命があるからこそ人は真理を主張できるわけですから、その生命に関する議論の方が差し迫っているというのがカミュの論法です。

科学史家　その事件につきましては、私から「理性の限界」シンポジウムでご説明しました。ガリレオは、一六三二年に『天文対話』を発表して天動説を完膚なきまで論破し、地動説を主張しました。この本は、天動説を教義の中心にしていた当時のキリスト教会の大変な拒絶反応を引き起こし、彼は異端者として審問にかけられることになったのです。

　ガリレオは、地動説が真実であることをさまざまな証拠を挙げて説明しましたが、彼が自説を主張すればするほど、異端審問所は取調べを厳しくしていきました。挙句の果てに拷問にかけると脅されたガリレオは、一六三三年六月二十二日、ついに自説を撤回し、今後は地動説を永久に放棄すると宣誓したのです。

　ガリレオはすでに七十歳と高齢でしたし、拷問などにかけられたら、ひとたまりもなく死んでしまったはずですから、これは仕方がなかったことでしょう。

実存主義者　もちろん、ガリレオの判断は正しかったのです。「実存は本質に優先する」のですから、当然のことです。

司会者　それはどういう意味ですか？

実存主義者　「実存」とは「現実存在」のことで、要するに、私たちがこの世界に投げ出されて、現実に存在してしまっているということです。これは、カミュと同時代に活躍したフランスの哲学者ジャン・ポール・サルトルの言葉で、文字通り、先立つのは「実存」であって、「本質」は後付けにすぎないということです。

たとえば、人間は生まれながらに善だとみなす「性善説」と悪だとみなす「性悪説」がありますす。これらの説によれば、人間には善か悪かの「本質」が先立って備わっているわけですが、サルトルによれば、それらは「実存」する人間の行動に対して、後から理屈を述べたレッテルにすぎないわけです。

ちなみにボーヴォワールはサルトルのパートナーでしたから、「女性性」が社会文化的に与えられた「後付け」だという発想も、サルトルの影響が大きかったかもしれませんね。

急進的フェミニスト　サルトルがボーヴォワールの影響を受けた部分だって大きかったでしょう！　二人は、二十歳代前半で知り合ってから七十歳代で亡くなるまで、お互いを支え合う同志でした……。

不条理の意味

フランス社会主義者　ああ、それにしても、「我々はどこから来たのか、我々は何者か、我々はどこへ行くのか」……。

美術評論家　ゴーギャンの絵の題名ですね？　あの絵は、パリに絶望したゴーギャンがポリネシアのタヒチに渡って、自殺を覚悟し、遺書代わりに書いた畢竟の大作です。

　現在はボストン美術館に所蔵されていますが、絵の右側に描かれた赤ん坊が人生の始まりを示し、三人の人物像の青年期から壮年期が右から左へと描かれ、左端には死を待つ老婆の姿があります。この老婆の足元には白い鳥が佇んでいるのですが、これは「言葉がいかに無力なものであるかという象徴」だと、後にゴーギャン自身が述べていまして……。

会社員　ゴーギャンは、その絵を描き終えて自殺したんじゃないんですか？

美術評論家　いえいえ、自殺は未遂に終わりましてね。そこでゴーギャンは、さらに辺鄙な環境を求めてマルキーズ諸島に渡ったのですが……。

司会者　そのゴーギャンの絵の題名は、「実存」と関係しているのでしょうか？

実存主義者　もちろんですよ。というのも、人間は、どうしても世界に意味を求めようとするからです。だからこそ彼は、「我々はどこから来たのか、我々は何者か、我々はどこへ行くのか」と、自分の人生の最後に問いかけたのでしょう？

　ゴーギャンのように「美」を求める芸術家ばかりではありません。科学者や哲学者や宗教家も、この世界には何らかの意味や目的があると信じて、「真理」や「正義」や「神」

を追究しています。これらが世界の「本質」なのですが、実は、そんなものが絶対にあるとは限りません。

司会者　とすると、この世界には意味がないということでしょうか？

実存主義者　それは誰にもわからないでしょう。ただし、多くの人々はこの世界に意味があると勝手に思っていますが、それは根本的に間違っているかもしれないということですよ。

さきほどのお話に出てきた「利己的遺伝子」が無目的に繁殖を続けているように、世界には生々しい「実存」が優先してあるのみです。それなのに人間は、何らかの「本質」を懸命に探し求めている。そのことを「不条理」と呼ぶのです。

大学生A　きっと私たち人間は、何らかの「本質」に頼らなければ、不安になるからではないでしょうか……。

形而上学的反抗

実存主義者　カミュの『シーシュポスの神話』の主題となっている「シーシュポス」とは、最も聡明であるにもかかわらず、それゆえに神々を侮辱したため、罰を与えられた人間です。その罰とは、休みなく岩を転がして山の頂まで運び上げ、山頂に達した岩が自らの重みで麓まで転がり落ちると、再び岩を山頂まで運び上げ、再び岩は転がり落ちて、また岩を転がし、ということを永遠に繰り返すという罰なのです。

カミュは、「死へ向かう一方で生きなければならない人間」自体、シーシュポスに与えられた罰と同じように「不条理」な存在だとみなしているわけです。

哲学史家　しかし、ガリレオは信念を曲げましたが、拷問されても、最後は火刑に処せられても、自分の信念を曲げなかったジョルダーノ・ブルーノのような哲学者もいます。これまでの人類の長い歴史を考えてみると、むしろ自分の信念を貫いたために死んだ人の方が多いように思いますが、それでも「不条理」とお考えですか？

実存主義者　たしかに歴史を振り返ると、「自分が生きるに値するための理由」を持つ人間同士が、その理由のために殺し合うことがあることも事実です。たとえば敬虔なキリスト教徒とイスラム教徒は、どちらも「自分が生きるに値するための理由」を信仰と答えるでしょうが、まさにその理由のために、今でも争っています。

カミュは、「自分が生きるための理由」が「自分が死ぬための理由」になっていること自体、人間に内在する「自己矛盾」だと指摘しているのです。

司会者　この世界がカミュの言うように「不条理」だとして、それでは私たちは、どうすればよいのでしょうか？

実存主義者　カミュによれば、不条理に対処する方法は三つ考えられます。

第一の方法は「自殺」で、これは成功すれば自分がこの世界から消滅するわけですから、不条理も同時に消え去ることになります。しかし、実存する人間は、何よりも根源的に生を欲するものであり、それを超えてまで自殺を肯定する思想は存在しないというのがカミュの結論で、結果的に彼はこの方法を否定しています。

哲学史家　それは興味深いですな。ニーチェは自殺を「自由な死」と呼んで、人間の自己決定権の当然の行使だと主張していましたが……。

実存主義者　カミュにとって、自殺は「不条理」からの逃避であり、真の自由に逆行する行為ですから、その意味でも自殺は受け入れられないことになります。

第二の方法は「盲信」で、これは不条理を超えた何らかの「理由」を信じることです。この世界で、いかなる「不条理」に遭遇しても、そこに「科学的あるいは合理的な理由」があるとか、「全知全能の神の与えた試練」だとみなせば、それは実質的には「不条理」ではなくなります。つまり何らかの「本質」を「実存」に優先して信じる方法ですが、さきほどから申し上げているように、そのような「本質」があるという根拠がありません。カミュは、このような盲信を「哲学的自殺」とみなして否定します。

方法論的虚無主義者　それは、すばらしい意見じゃないか！　ファイヤアーベントが「科学」を「最も新しく、最も攻撃的で、最も教条的な宗教的制度」と呼んだのも、それが人間の「盲信」を導くからだった。もちろん宗教に対しても、安易な「信仰」が「哲学的自殺」だというのは、まさにそのとおりだよ。大賛成！

科学主義者　いえいえ、「科学的あるいは合理的な理由」を「全知全能の神の与えた試練」と並べていただいては困りますね！　そもそも、世界が不条理であることを前提に議論を進めることに問題があるのではないですか？　世界が合理的であることを前提にしなければ、科学的議論は意味をなさないわけですから……。

実存主義者　この世界は不条理ですよ！　それでは、コルベ神父やソフィーの状況に置かれたとき、科学的あるいは合理的に対処できますか？

科学主義者　もちろん私たちは、必ずしも科学が人間の抱えている問題すべてを解決できるなどとは思っていませんが、それでも……。

司会者　そのお話は、また別の機会にお願いします。

それで、「不条理」から逃れる最後の方法は何でしょうか？

実存主義者　第三の方法は「反抗」です。これは、世界が「不条理」であることをそのまま認めて、あらゆる真実を包括するような科学的、合理的あるいは宗教的な「本質」も存在しないことを理解し、さらに人生に意味がないことを受け入れ、そのうえで「反抗」するという方法で、これをカミュは「形而上学的反抗」と呼んでいます。

3　意識と不条理性

大学生C　私、フランス文学の授業でカミュの『異邦人』を読んだんですが、よく意味がわかりませんでした。あれが「形而上学的反抗」ということなのでしょうか……。

会社員　それは、どういう内容なんですか?

大学生C　「今日、ママンが死んだ。それとも昨日か、僕は知らない」という文章で始まるんですが、主人公のムルソオという青年は、母親が死んだのに全然悲しまないで、お葬式の次の日には、タイピストのマリーと一緒に喜劇映画を観て、海で泳いで遊びます。その後、男友達のトラブルに巻き込まれて、アラブ人と喧嘩になって拳銃で撃ち殺して、逃げることもなく逮捕されるんですが……。

裁判では、検察官が、母親が死んでからのムルソオの行動を調べ上げていて、薄情で人間性のかけらもない息子だと非難して死刑を求刑するんだけど、彼は裁判にさえ興味を示さない。なぜ殺したのかと裁判官に尋ねられて、「太陽が眩しかったから」と答えます。この言葉が重要だということで、フランス人教授が一時間かけて講義してくれたんだけど、私には理解できなくて……。

会社員　たしかに、意味不明な言葉ですね。それで、どうなるんですか？

大学生C　ムルソオは、弁護士の上訴の勧めを断り、刑務所付きの司祭の面会も拒否して、それでも独房に入ってきた司祭が「あなたのために祈りましょう」と言うのを罵倒して追い返します。そして、幸福な気持ちで死刑を待つという話です。

異邦人と不条理

実存主義者　よく理解していらっしゃるじゃないですか！　そのとおりの内容ですよ。さきほどカミュのことを哲学者とご紹介しましたが、文学者と呼ぶべきかもしれませんね。というのも彼は、二十九歳のときに発表した『異邦人』で脚光を浴びて、『カリギュラ』や『誤解』の戯曲が高く評価され、極限状況の人々を描いた『ペスト』はベストセラーとなって、四十三歳の若さでノーベル文学賞を受賞しているのですから……。

大学生C　『異邦人』は、そんなに若いときに書かれた作品だったんですか？

実存主義者　実際には、カミュが二十五歳の頃に構想がまとまって、二十七歳の頃には書き上げられていましたが、ナチス・ドイツがパリを占領したため、発行が一九四二年に延期されました。

『異邦人』については、カミュ自身が「母親の葬儀で涙を流さない人間は誰でも、この社会で死刑を宣告される恐れがある」と述べているように、社会が定めた環境に適応できない「異邦人」が「不条理」に翻弄される姿を描いているのです。

そもそも喧嘩の場面では、アラブ人の成らず者の方が先に凶器のナイフでムルソオを刺そうとしたわけですから、裁判では、正当防衛で無罪判決が出てもよかったはずでした。ところが検察側は、母親が死んだ後のムルソオの行動から、彼が「冷酷無比な殺人者」だという虚像を組み立て、陪審員の感情を煽り立てて、死刑判決に誘導します。

弁護士は、陪審員の同情を引き出すために、涙と反省と懇願の態度を求めますが、ムルソオは「僕はママンを深く愛しているが、それには何も意味はない」と言って、すべての尋問に対して、自分の気持ちのまま正直に淡々と答えます。陪審員は、事件そのものよりも、ムルソオが棺桶に横たわる母親の顔を見ようとしなかったことや、遺体の側でコーヒーを飲みタバコを吸ったことに衝撃を受けます。

大学生C　その場面、覚えています。ムルソオには、悪気はないんですよね。

実存主義者　ムルソオは「ママンを深く愛している」一方で、神を信じていないし、死体は単なる物質だと思っていますから、コーヒーもタバコも「死者への冒瀆」だとは感じていません。彼の行動は、一般常識からすると逸脱しているかもしれませんが、彼はただ、自分の感性にしたがって生きているだけとも考えられるのです。

大学生C　でもムルソオは、どうして上訴しなかったのでしょうか？　そうすれば助かったかもしれないし、マリーとも結婚できたかもしれないのに……。

実存主義者　それこそが、彼の「形而上学的反抗」だったと解釈できるでしょう。ムルソオは、人生が無意味だと知っていたのです。だから、社会的慣習にしたがって悲しい振りや後悔した演技をすることも、裁判で自分を偽って保身することも拒否した……。

彼は、愛を求めるマリーに「たぶん愛していない」と言う一方で、「結婚してもいい」とも答えます。彼は、自分の感情が揺れ動くままに正直に答えるのです。この小説をよく読んでいただければ、ムルソオのいかなる言葉にも行動にも、嘘のないことがおわかりになるはずです。

カミュとサルトルの論争

司会者　どうもその「形而上学的反抗」の意味がよくわからないんですが、「自分の感性にしたがって生きる」というのが「反抗」になるのでしょうか？

実存主義者　ムルソオの場合はそのように描かれていますが、「形而上学的反抗」が具体的に何を意味するのかは、人々の置かれた環境によって変化するでしょう。基本的には、世界と人生が不条理であることを明確に意識することと自体、すでに「反抗」の芽生えと考えられます。

カミュは、一九五一年に発表した『反抗的人間』において、「形而上学的反抗」とは「人間が生まれながらに与えられた条件に対して立ち上がる行動である」と定義し、「形而上学的反抗者は、創造によって欺かれたと宣言する」とも述べています。

大学生A　その「創造」というのは、キリスト教の神による創造説のことですか？

実存主義者　そのような解釈もできますね。ただここでカミュが「欺かれた」と言っているのは、私たち人間が、この不条理な世界に勝手に「創造」されたことを指しています。私たちは、いわば世界に投げ出されて存在している、それに対して「反抗」を「宣言」する主旨とお考えいただければよいと思います。

進化論者　さすがに文学者というか哲学者は、おもしろい考え方をするものですね。すでにお話ししてきましたように、個体としてのヒトは、自分たちが世界を動かしていると思っていますが、実際には「利己的遺伝子」に操られているロボットとも言えます。つまり、「創造によって欺かれた」という「形而上学的反抗」は、まさに「ロボットの叛逆」と同じ論法とも言えるのではないですか！

実存主義者　たしかに「不条理」に対する「叛逆」を説いたという点では、カミュは誰よりも先駆者だったと言えるでしょう。

さらにカミュは「我反抗する、ゆえに我々在り」と興味深いことを述べています。もちろんこれは、デカルトの「我思う、ゆえに我在り」のアナロジーなのですが、ここで注意していただきたいのは、「我」の反抗が「我々」の存在に繋がるという結論です。つまり彼は、反抗の「連帯意識」による「存在」を説いているのです。

カミュは、紀元前ローマのスパルタクスの反抗に始まる「歴史的反抗」のように、一人の「反抗」が「連帯意識」に広がって「革命」に繋がる過程を高く評価していました。ただし、カミュが自殺を否定したように、殺人や死刑などの暴力行為についても、結果的にそれらが恐怖政治や全体主義を導くことから、正当化すべきではないと述べています。

フランス社会主義者　しかし、そんなことでは「革命」は起こせません！　だからサルトルは、そのようなカミュの姿勢を「理想主義的なブルジョワ」と呼んで、厳しく批判したんですよ。

実存主義者　そうでしたね。カミュが『反抗的人間』を発表した一九五一年といえば、フランスの統治領アルジェで不正選挙が行われ、それに抗議する人々が抵抗組織を結成した年です。フランス国土監視局は、これらの抵抗組織に徹底的な弾圧を加えましたが、サルトルやボーヴォワールは、彼らの抵抗活動を全面的に支持していました。

ところが、アルジェ出身であるにもかかわらず、カミュが沈黙したままだったので、サルトルをはじめとする左翼陣営は、彼に批判を浴びせたのです。

大学生C　アルジェって、今のアルジェリアのことですか？

軍事評論家　そうです。もともとアルジェはフランスの植民地でしたが、第二次世界大戦後、アラブ系の先住民がフランス系入植者に対して独立を求めるようになりました。当時のフランス政府は、これを内乱として処理しようとしましたが、一九五四年には公式に「アルジェリア民族解放戦線」（ＦＬＮ）が結成されて、「アルジェリア戦争」が勃発しました。その内戦は熾烈を極めましたが、一九六二年、ついにフランスはアルジェリアの独立を承認したのです。

会社員　それで、カミュとサルトルの論争はどうなったのですか？

実存主義者　その論争は、サルトルが編集長を務める雑誌『現代』誌上で行われました。形式的には、カミュの『反抗的人間』に対する書評と、それに対するカミュの反論、さらにサルトルの再反論というものですが、実質的には、暴力的革命を容認するサルトルの現実的路線と、あくまで暴力を否定するカミュの観念論的見解の距離が浮かび上がるものでした。

フランス社会主義者　私たちも暴力を求めてはいませんが、軍部の圧政に虐げられた人々が立ち上がって独立するためには、それしか方法のないことがあります。それが「革命」なんですよ……。

実存主義者　もちろん、カミュもすべての暴力を否定することが「ユートピア的願望」にすぎないことは認識していました。ただ彼は、いかなる理由であろうと「暴力を正当化しようとするいっさいの行為を拒否すべきだ」と述べているように、知識人による暴力の「正当化」に嫌悪感を抱いていたのです。

テロリズムの意味

会社員　私が小さかった頃の日本では日米安保闘争が盛り上がっていて、いつもは優しかった大学生の叔父が、ある日ゲバ棒を持ってヘルメット姿のまま警察に逮捕されて、親戚一同大騒ぎしたことがありますよ。その叔父も、今では何事もなかったかのように大学教授になって社会学を教えていますがね……。

実存主義者 カミュは、戯曲『正義の人々』において、ロシア貴族に搾取されて貧困にあえぐ人民の中から発生したテロリストたちの姿を描いています。

ロシア貴族の暗殺を狙う詩人イワン・カリャーエフは、劇場へ向かうロシア大公セルゲイ・アレクサンドロヴィチを暗殺する絶好のチャンスを目の前にして、爆弾を投げることを拒否します。というのは、セルゲイ大公の馬車に二人の子供たちが一緒に乗っていたからでした。この件でテロリストたちは議論になりますが、その結果、何度チャンスを見送ることになっても、子供は傷つけないという結論に達します。

当時のテロリストは、いかに正義のためとはいえ、無関係の人々を道づれにすべきではないと考えていました。さらに彼らは、殺人が大罪であることも十分認識していましたから、死刑あるいは自殺こそが自分に与えられる当然の報いだと考えていました。カミュは、彼らのようなテロリストを「心優しき殺人者たち」と呼んで、共感を示しています。

フランス社会主義者 それはロシア革命前の悠長な時代のテロリストの話でしょう!

一九五〇年代後半のアルジェリア戦争では、フランス国土監視局から弾圧を受けたアラブ人のテロリストが、無差別攻撃を行わざるをえない状況に陥っていました。サルトルは、独立の正義のためには、無差別の死の犠牲もやむをえないという厳しい立場を取っていましたから、カミュのように現実から目を背けるような態度の方が、許しがたい「美徳の暴力」だったのです。

会社員　その論争は、そのまま現代社会にも通用しますね。サルトルの論理でなければ戦争はできないんだろうけど、私はカミュの思想に惹かれるなあ……。

それで、その論争は、続いたのですか？

実存主義者　それが、一九六〇年、カミュが交通事故のため、四十六歳の若さで突然亡くなってしまったのです。

サルトルは、その後もチェ・ゲバラのキューバ革命を支援し、ソ連共産党を支持していましたが、一九六八年にソ連がチェコスロバキアに軍事介入した時点で、ソ連とも決別しました。

フランス国粋主義者　ソ連共産党を支持するなんて、まったく馬鹿げた話じゃないか！ところが、一九五〇年代から七〇年代にかけて、世界中の若者の多くが、左翼陣営に踊らされて学生運動に走った。運動そのものが一種のブームだったんだろうが、彼らを扇動したサルトルやボーヴォワールの責任はどうなるんだ？

この時代の真の英雄は、命を狙われながらアルジェリア戦争を終結させて、フランスを立て直したシャルル・ド・ゴール大統領だよ。彼が共和制を復活させて、強い指導力のもとで高度経済成長を遂げさせたからこそ、フランスは立ち直ったんだ！

軍事評論家　ド・ゴール大統領は、アルジェ独立派から命を狙われていましたが、アルジェ独立を阻止したい「秘密軍事組織」（ＯＡＳ）からも暗殺されそうになりましたね。

フランス国粋主義者　極右からも極左からも狙われ続けたのが、ド・ゴール大統領の人生だった。なにしろ生涯で三十一回も暗殺未遂があったのに、すべて無事に助かったんだから、大統領こそが奇跡の人じゃないか？　もちろん、大統領の側近が命がけで守ったからでもあるがね。

あまりに何度も暗殺に失敗するものだから、ＯＡＳは外部からプロの暗殺者を雇ったこともあった。その実話をもとに、アメリカの作家フレデリック・フォーサイスが小説『ジャッカルの日』を書いて、これは映画にもなったんだが……。

大学生Ｃ　私、その映画観ました！　最後にジャッカルが特殊ライフルでド・ゴール大統領を狙って撃つんですが、その瞬間に大統領が俯いたおかげで、弾丸が当たらずに助かるんですよね？

フランス国粋主義者　そのとおりですよ、お嬢さん。ド・ゴール大統領は、危険だからと側近が制止するのも聞かずに、パリ解放記念式典の広場で威風堂々と勲章を授与される。

暗殺者は、まさにその瞬間を狙ったんだが、大統領は、授与者に挨拶のキスをするために俯いたのです。暗殺者は外国人だったから、フランス人のキスの挨拶の習慣を知らなかったんですな、わははは！　ド・ゴール万歳！　フランス万歳！

科学の脅威

運動選手　テロリストと聞くと、ボクは二〇〇一年九月十一日のアメリカの「同時多発テロ」の映像を思い出してしまいます。それに比べると、個人相手のテロが小さな事件のように思えて、そのような感覚の麻痺の方が恐ろしいですね……。

軍事評論家　「同時多発テロ」については、驚くべき試算がありましてね。

実は、プルトニウムから核爆発を生じさせるのは技術的に非常に困難なのですが、濃縮ウランの場合は、二つの塊を合体させるだけで強力な核爆発を引き起こすことができるのです。ノーベル賞を受賞したシカゴ大学の物理学者ルイス・アルヴァレズは、「分離ウラン235の場合、入手さえできれば、核爆発を起こすのは造作もないこと」だと述べています。

もしニューヨークの世界貿易センタービルで、「分離ウラン235」を濃縮した三キロ程度の重量の塊二個を合体させた核爆発が生じていたとすると、ウォール街を含むマンハッタン周囲八キロ四方が壊滅し、その一瞬だけで何十万人もの犠牲者が出ただろうという試算なのです。

運動選手　それは恐ろしいことだ！「アルカイダ」が濃縮ウランを持っていなくて、不幸中の幸いでしたね……。

軍事評論家　もし西欧文明そのものを悪と信じ込んでいるテロリストが小型化の進んだ核兵器を手に入れたら、彼らは何の躊躇もなく、世界の大都市で自爆テロを起こすでしょう。

さらに核爆発よりも大量被害を与える可能性のあるのが「バイオテロ」です。これまでに発見されたウイルスの中で最も致死率の高い「天然痘」は、一九七〇年代の世界的な撲滅運動で根絶されましたが、ウイルスそのものは、万一の場合のワクチン開発のために、幾つかの研究所で厳重に保管されています。しかし、何らかの方法で天然痘ウイルスがテロリストの手に渡ったらどうなるでしょうか？

二〇〇一年六月、アメリカ合衆国のテロ対策訓練の一環として、三つの州のショッピングモールで天然痘ウイルスが噴霧されたという想定でシミュレーションが行われた結果、最悪の場合は三百万人が感染して、百万人が死亡するという結果が出ています。

運動選手　国際空港や駅などで散布されたら、世界中に感染が広がって、もっと大変なことになるでしょう！

軍事評論家　そのとおりです。しかもウイルスは天然痘とは限りません。さまざまなウイルスのＤＮＡ情報をインターネットで誰でも簡単に入手できますから、そこから致死率の高いウイルスに改造する技術を持った科学者であれば、新種のウイルスを生み出すことができます。

科学社会学者　その点については、二〇〇二年六月に全米科学アカデミーが警告を発して話題になりましたね。「専門技術を持ち、研究施設に自由に出入り可能なほんの一握りの人間だけで、アメリカ全土を深刻な危機にさらすほどの殺傷能力を備えた生物兵器一式を費用も手間もかけずに作ることができる。それも市販の装置、すなわち化学物質、医薬品、食品、ビールなどの製造に使うのと同じ装置によってである」

軍事評論家　その警告が、誇張ではなく事実であることが、二〇〇二年七月、ニューヨーク州立大学の分子生物学者エッカード・ウィンマーによって証明されました。彼は、インターネットからダウンロードできる情報と、研究室の実験装置だけから、ポリオウイルスを作りだすことに成功したのです。

このウイルスは「ポリオ」（小児麻痺）の病原菌で、そのＤＮＡは四種類の塩基約七五〇〇個ですから、天然痘に比べれば単純な構造です。ウィンマーは、入手した塩基配列情報からDNAの各塩基部品を合成し、これらを繋ぎ合わせて大腸菌の中で培養することによって、人工的にウイルスを合成したのです。

ポリオについては、誰もが予防接種を受けているので危険がないという判断で作られたようですが、このような実験では、より感染力が強く殺傷能力の高いウイルスが人工的に合成されてしまうような「バイオエラー」の可能性もあります。

科学社会学者　イギリスの雑誌『ワイヤード』の二〇〇二年特集企画で、「二〇二〇年までに、百万人規模の死者を出すようなバイオエラーやバイオテロが起こる」という予測に対して、イエスかノーかの賭けが行われました。皆さんだったら、どちらに賭けますか？

この賭けに対して、英国国立天文台台長という要職にあるケンブリッジ大学の天文学者マーティン・リースが「イエス」に千ドル賭けたことが話題になりました。リースは、「もちろん、賭けに負けることを切望しているが、正直言って負けるとは思っていない」と述べています。

というのも、リースによれば、人工的にウイルスを合成する技術を持つ科学者は、すでに世界に数千人規模を超えて存在し、しかもその人数は年々増加していることから、その中にテロリストあるいは思想的賛同者が生じる確率が増加するのも当然だということになるわけです。

科学主義者　それは悲観的すぎる賭けですよ！　私は「ノー」に一万ドル賭けても構いません！　なぜなら、バイオテクノロジーや生命倫理に関わる研究に対して、科学者や技術者は、国際学会や国の定めるガイドラインに加えて、大学や研究所などの組織単位でも厳しい自主規制を行っているからです。しかも百万人規模の死者を出すようなバイオエラーやバイオテロは、そんなに簡単に起こるものではありません！

科学社会学者　そのご意見は楽観的すぎませんか？　実際に、世界のカルト教団には、科学技術に関しては非常に有能な研究者だって参加しています。

まさか「地下鉄サリン事件」をお忘れではないでしょうね？　彼らは、人類史上最も猛毒といわれるサリンを自分たちだけの手で合成して地下鉄に撒き、無差別に十三人を殺害、五千人以上の人々に重軽症を負わせたじゃありませんか！　しかも彼らは、猛毒のVX神経ガスも合成し、さらに致死率の高い「エボラ熱」を発症させるエボラウイルスを求めて、信者をアフリカに派遣したこともありました。もし彼らが実際にエボラウイルスを合成して噴霧していたら、被害が百万人規模に及んだ可能性も十分あったのです！

4　人間存在の限界と可能性

ロマン主義者　それは、彼らが現実社会で幸せでなかったからじゃないかな……。

大学生A　私が理解できないのは、どうして一流大学の医学部や理学部や工学部を卒業して、最先端医療や遺伝子工学や宇宙開発に関わっていたような優秀な理系研究者が、カルト教団に入信したり、挙句の果てには無差別殺人を犯すようになるのかということです。

ロマン主義者　それは、彼らが現実社会で幸せでなかったからじゃないかな……。

大学生A　どうしてでしょう？　彼らはエリートで社会的地位にも恵まれていたし、温かい家庭を持っている人もいました。それでも幸せでなかったということですか？

認知科学者　地下鉄でサリンを撒いた犯人の中に、裕福な医師の家庭で思いやりのある子供として育てられ、本人も人命を救いたいという理想を抱いて医学部に進学し、アメリカの病院に勤務して研鑽を重ね、一流の心臓外科医になった人物がいます。

彼の妻も医師で、二人の子供に恵まれていましたから、一般的に考えれば、あらゆる意味で幸せな家族に映るのではないでしょうか？　しかし、彼は臨床医師として末期患者と接するうちに「手術はできても、人の心は救えない」と自信を失い、思い悩んだ結果、宗教に惹かれていったようです。そして、ある日、全財産を処分してカルト教団に寄付して家族全員で入信、いつの間にか犯罪に手を染めるようになり、ついにはサリンを撒くほどに変貌してしまったのです。

大学生A　それほどの立派な業績を持つ人が、どうしてそんなことになってしまうのか、そこが私には理解できないんです……。

実存主義者　さきほど、五年前に娘を亡くして人が変わったようになり、ついに自殺した男の例を挙げましたね。

おそらく、その医師の心の内部にも穴が開いて、それが広がって自分を失った瞬間に耐えきれなくなり、すべてを捨てて「盲信」するという「哲学的自殺」を遂げたのではないでしょうか……。

認知科学者　しかし、何かを「盲信」したからといって、必ずしもテロリストになるわけではありませんからね。

テルアビブ大学の心理学者アリエル・メラリは、アルカイダのテロリスト数百人を追跡調査した結果、四分の三が結婚していて、三分の二には子供がいたことを確認しています。その意味では、彼らはごく普通の人々でした。さらに彼は、次のように述べています。「自爆テロリストは頭がおかしいわけではない。……信仰心も一般より特に高いというわけでもない。宗教思想を植えつけられるような環境で育った例は、むしろ少ない。彼らの多くが、非宗教的で、無神論者さえいた。……かなりの数のテロリストたちが、裕福な特権階級の出身だ。大学を卒業し、医師、エンジニア、建築家といった専門職に就いている。……洗脳されて、命令に従うだけの愚か者ではないのだ」

大学生A　ますますわからなくなってきました。そのような人たちが、どうして自爆テロなどに走るのでしょうか？

認知科学者　最近の研究では、その答えは「小集団の論理」にあるのではないかと考えられています。カルト教団にしてもテロリスト集団にしても、彼らを直接的に結びつけているのは、「信仰」や「信条」などという観念論的な理想よりも、むしろ「共感」や「排他」といった感情的な結合にあるのです。

これらの集団には、メンバーになるために高いハードルがあって、仲間入りした後には、集団だけに通用する特殊な「小集団の論理」に無抵抗に従うようになるという特徴があります。いったんそのような集団に入ると、あくまで集団のために行動の意義を見出し、集団のために献身的に尽くし、集団からの承認を得ることだけが優先されるようになります。その時点で、もはや何が正常で何が異常なのか、自分は何のために、何をしているのかさえ見えなくなるのです。

大学生A　そうなると、外界の情報は意味を持たなくなるのでしょうか？

認知科学者　そうですね、たとえばインターネットは世界に繋がっていても、彼らは集団や仲間に関する情報にしか価値を見出さないわけですから、他の情報には関心を持ちません。これは一般にも言えることですが、情報が多ければ多いほど、逆に限定した情報だけしか見なくなる傾向があるのです。

大学生A　やっとわかってきた気がします。言われてみれば、私たちも家族や学校やサークルなどの小集団の中で生きて、その小集団からの承認を求めて生きていますから、その意味では変わりありませんね。

意識と無意識

司会者　まさに「賢いのに愚かな行動をとる」人間の特性が、小集団の中では極限にまで推し進められるということですね？

認知科学者　そのとおりです。危険な地域に出掛ける軍隊の兵士や伝道師は、「意識」的なレベルでは、愛国心や信仰こそが自分の行動の動機だと認識していますが、実際には自分が小集団で特別な存在だと認められたい、小集団に自分を捧げたいという「無意識」的な衝動に突き動かされています。もちろん、この衝動も脳内の「自律的システム」から生じるものです。

司会者　自爆テロリストの行動は、さきほど伺った爆弾アリを思い出させます。まさに、個体の利益を優先する理性的な「分析的システム」が、遺伝子の利益を優先する感性的な「自律的システム」に抑えられて、不条理な行動に繋がるわけですね……。

神経生理学者　今「意識」とおっしゃいましたが、その「意識」も「脳の創り上げた幻想」だと申し上げたら、もっと驚かれるのではないですか?

司会者　それは、どういう意味でしょうか?

神経生理学者　この驚くべき事実は、一九八三年にカリフォルニア大学サンフランシスコ校の神経生理学者ベンジャミン・リベットが行った実験に基づいています。

リベットは、頭骸骨を切開した被験者の「随意運動野」に「運動準備電位」を測定するための電極を取り付けて、被験者の目の前に秒針代わりに黒い点が回転するモニターを設置しました。そこでリベットは、運動準備電位の変化を測定すると同時に、被験者にモニターを見ながら「指を動かす」ことを意図して、その瞬間に黒い点がどの数字の位置にあるのかを報告するように求めました。

その結果は、衝撃的なものでした。この実験を何回繰り返しても、被験者が「指を動かす」ことを意図した瞬間よりも三五〇ミリ秒から五〇〇ミリ秒前に、すでに随意運動野に運動準備電位が生じていることが発見されたのです！

司会者　もう少しわかりやすく説明していただけませんか？

神経生理学者　つまりですね、そもそもヒトが指を動かすことができるのは、まずヒトが「指を動かす」ことを「意識」して、その指令が脳の「随意運動野」に伝わり、そこで「運動準備電位」が上昇して、電気信号が運動神経を通じて指の筋肉に届くからだというのが、運動生理学の常識だったのです。

ところが、リベットの実験によれば、ヒトが「指を動かす」ことを「意識」するよりも三五〇ミリ秒から五〇〇ミリ秒前に、すでに指を動かすための指令が「無意識」的に発せられていたことになるのです！

ロマン主義者　あははは、それはおもしろい。もしそれが真実だったら、すべてを決めているのは無意識なんだから、人間に自由意志など存在しないことになるじゃないか！

神経生理学者　冗談ではなく、本気でそのように考えている神経生理学者もいますよ。

もっと日常的にわかりやすい例でお話ししましょう。仮に時速四五キロで車を走らせているところに、突然、少年が目の前に飛び出してきたとします。これを運動準備電位測定によるシミュレーション実験で確認すると、被験者は一五〇ミリ秒でブレーキを踏み、その被験者が少年を見たと「意識」するのは、五〇〇ミリ秒後であることがわかります。

このことは、少年を見た瞬間にブレーキを踏むという行動が、被験者の「意識」を経由せずに、被験者の「無意識」で決定されていることを立証しているのです。

会社員　それは私も経験があるから、よくわかりますね。運転していて何かが目の前に見えた瞬間、すでに条件反射的にブレーキを踏んでいますから……。

神経生理学者　そこで興味深いのは、いつ少年が見えたかを被験者に尋ねると、「飛び出してきた瞬間」だったと答えることです。

会社員　それは当たり前ですよ。もちろん少年が見えたからこそ、ブレーキを踏んだわけでしょう?

神経生理学者　いいですか、もう一度よく聞いてください。あなたがこの実験の被験者だとしましょう。

運転していると、少年が視界に入り、その一五〇ミリ秒後に足が条件反射的にブレーキを踏みます。ここで重要なのは、ここまでの行動がすべて「無意識」によるもので、あなたの「意識」は、まだ少年に気付いてはいないし、何の行動命令も出していないということなのです。ブレーキを踏んでから三五〇ミリ秒経った後に、初めてあなたは少年を「意識」し、自分の足がブレーキを踏んでいたことに気付くのです。

ここでさらに興味深いのは、この時点で、あなたの「意識」が五〇〇ミリ秒をさかのぼり、「少年が飛び出してきた瞬間、慌ててブレーキを踏んだ」ように記憶を巧妙に書き換える点です。要するに、あなたは、書き換えられた「幻想」をあたかも事実であったかのように「意識」するようになるのです。

会社員　つまり、少年を見てブレーキを踏むという行動は、私の自由意志を無視して「無意識」が勝手に行う。ところが、すべてが終わった後に、あたかも私の「意識」の命令で行動したかのように、後付けのイメージ処理がなされるということですね？

神経生理学者　おっしゃるとおりです。さきほど「意識」が「脳の創り上げた幻想」だと申し上げたのは、そういう意味です。

「私」の責任能力

会社員　もしそういうことであれば、たとえば私が誰かを殺したとしても、それは私の「無意識の脳」が悪いのであって、その犯行の瞬間を「意識としての私」は知りませんでしたということになりませんか？

神経生理学者　なかなか興味深い質問ですね。実は、もっと驚かせるかもしれませんが、神経生理学的に考えると、「意識」ばかりでなく「私」という概念さえ「脳の創り上げた幻想」とみなすこともできるのです。
もともと脳が、すばらしい幻想を生み出すことはご存知でしょう……。たとえば一枚の写真は、二次元平面にいろいろな色のインクの点が並んでいるだけのものですが、脳はこれを三次元画像として処理します。さらに、これらの二次元画像を高速で動かす映画では、もっと立体的な三次元映像を実感できるでしょう。「私」という概念も、いわば脳によってそのように構成された「幻想」とも考えられるのです。

哲学史家　ちょっとお待ちください！「私」が脳による幻想だとしても、その幻想の中で「私」を「意識」することはできますね。つまり、これがデカルトの「我思う、ゆえに我在り」の論法なのですが……。

神経生理学者　たった今、その「意識」自体が幻想だと申し上げたばかりじゃないですか！要するに、「私」とは「私の脳」であり、「あなた」とは「あなたの脳」にすぎないのです。

哲学史家　しかし、「私」の感じる痛みは「私」だけにしかわからない直接知覚です。このことを、どのように説明されるのですか？

神経生理学者　たとえば「右上の奥歯七番が痛い」という現象は、炎症が歯神経を刺激して、その電気信号が脳に伝わり、その歯神経に対応する脳細胞を興奮させているわけです。したがって、仮にそれが脳細胞七番だとすると、「右上の奥歯七番が痛い」という現象は、より厳密には「脳細胞七番が興奮している」という現象と同値だということになります。

論理実証主義者　シカゴ大学の哲学者ルドルフ・カルナップが一九六六年に発表した『物理的言語による心理学』を思い出しますね。この論文でカルナップは、心理学で用いられる「心的言語」は、すべて物理学で用いられる「物的言語」に置き換えることができるという斬新な発想を主張したのです。

運動選手　すると「恋をしている」という心的言語は、どう表現されるんですか？

行動主義者　それは「脳内で、ドーパミンとノルアドレナリンの分泌量が増加し、セロトニンの分泌量が低下した状態にある」と置き換えられると申し上げたはずです。

論理実証主義者　それでは、脳細胞を刺激する化学物質の分泌量を述べているだけなので、不十分でしょう。より正確には、「脳内で、脳細胞Dと脳細胞Nが興奮し、脳細胞Sの興奮が抑制された状態にある」というように表現すべきではないですか？

カント主義者　君たちは、単に言葉を言い換えているだけじゃないか、馬鹿馬鹿しい！

論理実証主義者　いえいえ、私たちは、より正確に表現しようとしているだけですよ！

たとえば、腹痛で苦しんでいる人に対して、古代人は「悪魔が取りついた」と言っては呪文を唱えたりお祓いをしたりしていましたが、現代の医師は「盲腸です」と言って手術するだけの話でしょう。医学の進展により、概念と同時に言語も変遷するのです。

そのように考えると、未来社会では「右上の奥歯七番が痛い」という不正確な心的表現が廃止されて、「脳細胞七番が興奮している」という正確な物的言語で表現されているに違いないということですよ。

会社員　さきほどの質問ですが、もしそういうことであれば、たとえば私が誰かを殺したとしても、それは私の「脳細胞Mと脳細胞Aと脳細胞Dが興奮した状態にあった」ことが原因ですから、私は罰せられないことになりませんか？

法律学者　つまり「ＭＡＤ」ですかな？　冗談は別として、そのご意見は、法的に非常に重要な問題を提起しています。

というのも、司法制度がある行為を犯罪とみなすか否かは、違法行為の事実に加えて、「犯意の有無」を合理的な疑いをさしはさむ余地がないまでに立証しなければならないからです。もし精神障害などの事由により「心神喪失」が認められれば、たとえ殺人者であっても「責任能力」がなかったことになり、現在でも無罪放免になります。

犯人の責任能力を問うためには、あくまでその犯人が「自由意志」で違法行為を選択したという「犯意」が不可欠ですから、そこに疑念が生じるようでは困るのです。

軍拡競争

司会者　とても興味深い問題のようですが、「個人の責任」についてのお話は、また別の機会にお願いします。

ここではより一般的な観点から、「科学者の責任」についてお話しいただけますでしょうか？

軍事評論家　さきほど話が途切れてしまいましたが、科学に対して楽観するか悲観するかは別として、第二次世界大戦後の冷戦時代、東西陣営で軍拡競争が起こったことは重要な事実として再認識しておくべきでしょう。

現在の地球上には、いまだに二万発を超える核弾頭が存在し、それらの中には、広島と長崎で投下から五日以内に二十七万人もの人々を犠牲にした原子爆弾の数千倍の威力をもつ水素爆弾も含まれています。

核兵器を保有するアメリカ・イギリス・フランス・ロシア・中国は、二〇〇〇年に開催された「核拡散防止条約検討会議」で将来の核兵器廃絶を確約しましたが、この条約そのものに加盟していないインドとパキスタンは、双方が相手国に向けて核弾頭ミサイルを配備していることが確認されています。さらに、イスラエルやイランや北朝鮮のように核兵器所有の疑いが濃厚な国もあります。つまり、核兵器による危機は、いまだに完全に回避されたわけではないのです。

会社員　地球を何十回も破壊するだけの核兵器が地球上に存在しているなんて、馬鹿げているとしか思えないんですが……。

軍事評論家　軍備拡張競争というのは、お互いに歯止めがきかなくなるものなのですよ。一方が核弾頭ミサイルを開発すれば、他方がそれと同じものを開発して、さらに敵国に近付ける原子力潜水艦に搭載する。一方が「複数個別誘導弾頭」（ＭＩＲＶ）を実用化すれば、すぐに他方が「弾道弾迎撃ミサイル」（ＡＢＭ）を開発して防御するといった具合でして……。

会社員　そのＭＩＲＶとかＡＢＭというのは、何ですか？

軍事評論家　ＭＩＲＶは、一九七〇年代初頭にアメリカの技術者が考案した攻撃システムで、一基のミサイルに複数の核弾頭ミサイルを埋め込み、それが敵国上空で分裂して、それぞれのミサイルが複数の都市を同時に核攻撃するという方法です。

ところが、ＭＩＲＶがアメリカで配備されたときには、すでにソ連も同じ種類のミサイルを実用化して、さらに米ソともＭＩＲＶを防御するための迎撃ミサイルＡＢＭを同時に開発していたというわけです。

科学社会学者　当時のイギリス政府の主席科学顧問だった動物学者のソリー・ズッカーマンは、一九七〇年代から八〇年代の米ソの軍拡競争について、「この一連の不条理な事態が生じた根本的な理由は、新たな兵器システムを考えだしたのがそもそも軍ではなく、さまざまな分野の科学者や技術者だったことにある」と述べています。

会社員　あまり表面には出てきませんが、たしかに実際に「新たな兵器システム」を考えだしているのは科学者や技術者でしょうから、彼らの軍備拡張に関する責任は重大ですね。

科学社会学者　科学と民主主義の重要性を説き続けたコーネル大学の天文学者カール・セーガンは、「世界中の科学者のおよそ半数が何らかの形で軍事産業に関わっている。……多くの科学者は、多数にしたがう日和見主義者か、企業の利益のために平気で大量破壊兵器を作りながら、結果など気にもとめない連中のようだ」と述べています。

世界中の科学者と技術者は、この言葉にどう答えるべきか、自問自答しなければならないでしょう。

スターウォーズ計画

軍事評論家　一九八三年には、アメリカのレーガン大統領が「戦略防衛計画」（ＳＤＩ）を掲げて、世界を驚かせました。これは、地球の衛星軌道上に早期警戒衛星を配備し、アメリカ合衆国へ向かって打ち上げられたすべての弾道ミサイルを直後に感知して、衛星からのレーザーや地上からのミサイルで瞬時に迎撃するというシステム配備計画で、もし完成したら、当時のソ連をはじめとする共産主義圏の脅威に対して、圧倒的に優位に立てるものだったからです。

ＳＤＩに対して、ソ連のユーリ・アンドロポフ書記長は、アメリカの早期警戒衛星そのものを攻撃するキラー衛星の開発に着手すると公表しました。そこから想像される近未来の戦争は、衛星同士がレーザービームで相手を攻撃し合うＳＦ映画のような構図になるため、ＳＤＩは「スターウォーズ計画」と呼ばれるようになったのです。

科学史家　レーガン大統領は、一九四〇年代に原爆を開発した「マンハッタン計画」と一九六〇年代に人類を月面に着陸させた「アポロ計画」を強く意識していましたね。もともと彼は俳優でしたから、一九八〇年代に「スターウォーズ計画」を成功させることによって、ヒーローになりたかったのかもしれません。ただし、このプランを作成したのは、もちろん軍関係の科学者でした。

　ところが、この計画に対しては、多くの知識人や一般の科学者や技術者も一致団結して反対して、世界各地で署名運動が広がりました。その意味では、近年の科学史上の大事件だったと言えるでしょう。


軍事評論家　そうでしたね……。そもそもスターウォーズ計画は、「戦略防衛計画」と名付けられているにもかかわらず、実際には「戦略攻撃システム」でもあることが大きな問題でした。というのは、いったんこのシステムが完成すれば、地球全体が戦略的包囲網に入るため、アメリカは、世界中のどの国に対しても、その国が反撃を試みる前に、核攻撃で徹底的に破壊できるようになるからです。

　推進派は、そのことを認めたうえで、だからこそスターウォーズ計画を完成させるべきだと主張しました。なぜなら、もしこのシステムを完成できれば、それが「最終兵器」の役目を果たして、地球上のいかなる核兵器も存在意義を失い、全世界が平和になるからだというわけです。

　一方、反対派は、それは「机上の空論」にすぎないと主張しました。地球全域を包囲するような迎撃システムの構築には、莫大な費用がかかるうえに、技術的にも大きな困難が伴います。それに、この計画に反発するソ連がキラー衛星の実用化を明言しているように、他の国々もアメリカのスターウォーズ計画の推進を黙って見ているはずがありません。結果的には、世界各国が争って核兵器を開発した冷戦時代のように、宇宙兵器の軍備拡張の悪夢が繰り返される可能性が高いというのが、彼らの主張でした。

科学社会学者　もっと実質的な理由から賛成する意見もありました。アポロ計画に関連した民間企業は二万社以上と言われていますが、もしスターウォーズ計画が始まれば、あらゆる産業分野で同じように科学研究関連業務の需要が期待されます。つまり、膨大な数の理系就職先が新たに生じる可能性があったため、計画推進を望んだ大学生や大学院生も多かったのです。

大学生C　つまり、自分たちの就職先が増えるからスターウォーズ計画を応援するということですか？　私も就職活動で苦労しましたから、その気持ちもわかりますが、それはちょっと違うんじゃないかな……。

ロマン主義者　科学者といえども人間だろう。アルバイト暮らしのオーバードクターが正規研究員として高給で雇用されるようになるんだから、彼らがスターウォーズ計画に賛成したのも無理はないね……。

いつだったか酒場で、片思いの彼女とデートできるんだったら、太陽が西から昇っても構わないと叫んでいる科学者の卵を見たことがあるが、それこそが人間なんだよ……。

科学主義者　「太陽が西から」ですって？　そんなことを平気で言う人間は、科学者ではありません！

科学社会学者　いえいえ、科学者も人間だというのは、重要なご指摘だと思いますよ。ズッカーマンは、「科学技術者が未来を不安に満ちたものにした。これは、世の中がどう発展していくべきかのビジョンはそっちのけで、彼らが自分の仕事だと思ったことをただこなしていった結果である」と述べています。

方法論的虚無主義者　だからファイヤアーベントも言ってるじゃないか！「科学も宗教も売春も社会的な職業」にすぎないんだよ。現代社会で最も権威主義的かつ官僚主義的なのは、科学者組織じゃないか！

司会者　そのお話は、また別の機会にお願いします。私たち人間は、結局どうなっていくのでしょうか？

宇宙・肉体・悪魔

科学社会学者　その点につきましては、ズッカーマンと一緒にイギリス政府の科学顧問を務めた物理学者のジョン・バナールが非常に興味深い予測を立てています。彼の専門は構造結晶学ですが、バナールは、科学者の責任と義務についての政府ガイドラインを策定し、後には世界平和会議の議長となっています。

一九二九年、バナールは、二十八歳になったばかりの若さでケンブリッジ大学の専任講師となり、『宇宙・肉体・悪魔』という本を発表しました。その主旨は、科学が発展するにつれて人間が「理性的精神」を実現し、自分たちの「完全なる未来」も定めることができるようになるという徹底した科学主義を主張するものでした。

その「理性的精神」の敵となるのが、自然の脅威としての「宇宙」、人間の身体的限界としての「肉体」、そして無知や欲望や愚かさなど人間の内面に潜む「悪魔」です。したがって、人間は、この三つの敵を制覇することによって、新たな段階に進むことができるというのがバナールの考え方でした。

運動選手　それはおもしろそうな発想ですね。ボクはSFが好きですから、「完全なる未来」と聞くとワクワクしますね。

科学社会学者　実際にこの本を読むと、バナールが、その後の科学の進展を正確に予測していた部分が多いことには驚かされます。彼は、人類がロケットによる宇宙進出を果たすこと、宇宙ステーションのようなものを作ること、さらには巨大な球殻の「宇宙植民地」を造って地球から飛び出して「宇宙空間を征服」するだろうと述べています。

そのために必要なエネルギーとしては、何よりも太陽光を活かすべきであり、太陽光発電や太陽電池、それに葉緑素を含んだ液体を循環し光合成させることによって炭化水素を合成し、食料や衣料を生化学的に生産する手段などについても考えています。

運動選手　一九二九年の時点で、太陽電池まで思いついていたというのはすごいですね！

それで、未来社会での「肉体」はどうなるのでしょうか？

科学社会学者　バナールによれば、人間とは「脳」に他なりません。ところが、実際の肉体を見ると、脳以外の手足や内臓が摂取したエネルギーの九割を消費しているうえ、人間が死ぬ原因の大部分は内臓や血管の疾患によるもので、これは不合理きわまりありません。したがって「人体の無用な部分」は除去され、「脳」だけが大切に繊維物質に包まれた「短い円筒のような形」の物質が残ることになります。こうして、「肉体」は克服されます。

未来人の姿について、バナールは、次のように述べています。「各人は比較的小さな一組の頭脳部品組み立て物の中にいわば生命の中核を宿していて、最小限のエネルギーしか使わず、それらの頭脳が、一組の複合的エーテル的相互通信網によって結合され、かつ不活性な感覚器官を通じて莫大な空間的及び時間的領域に拡がっている。そしてそれらの感覚器官は、それらの頭脳の活動領域と同様に、一般的にはそれらの頭脳自体から遠く離れた領域に存在する」

バナールの想定を現代風に言うと、各個人の脳機能が直接的にネットで繋がれた状態の「複合脳」で、感覚器官としてはどの地域で何を接続してもよいわけですから、可視領域を超えた電磁波や可聴領域を超えた超音波さえも知覚できるようになります。たとえば、地球の裏側の映像や音声も、宇宙望遠鏡の観測するX線も、火星探査機のロボットアームの感覚も、それらの感覚器官さえネットで繋がれていれば、「複合脳」は直接的に知覚できることになります。

大学生C　何だか嫌だな。私は、そういう「複合脳」には加わりたくないんですが……。

科学社会学者　あははは、この複合脳には、無理に加わらなくてもよいのです。

バナールの想定する未来人は、「複合脳」に進化して宇宙に進出する「科学者」と、「肉体の快楽と健康を享受し、芸術をたしなみ、宗教を愛護してゆく幸福で繁栄した人類」すなわち「人間主義者」とに分かれていきます。

地球上で楽しい人生を送った後の人間主義者は、「自分の肉体を捨てるか自分の生命を捨てるか」という決断を迫られることになります。ここで肉体を捨てて「複合脳」の一部になってもよいし、「自分の生命を捨てる」という従来の死と同じ選択もあるわけです。

会社員　そして、最後の「悪魔」は、どのようにして克服されるのですか?

科学社会学者　実は、「無知や欲望や愚かさなど人間の内面に潜む悪魔」だけは、未来社会でも完全には克服されません。なぜなら、これらは「人間主義者」によって引き継がれていくからでして、「科学者」は、宇宙植民地から地球を管理するようになります。

「こうして地球は、実は一個の人間動物園に転化してしまうかもしれない。その動物園は、きわめて賢明に管理されているので、そこに住んでいる人たちは自分たちが単に観察と実験のために保護されているのだということに気付かない、というわけである」

運動選手　何だか酷い話になってきましたね！　きっとボクは、観察される方になっているでしょうが……。

科学社会学者　バナールは、人間の相反する欲望の両方を満足させるには、宇宙に進出する科学者と、地球に残る人間主義者に分かれる方法こそが、最善だと信じていました。

「このような展望は両方の側を喜ばせるだろう。すなわち、科学者たちに対しては、知識と経験の拡大を求める野望を満足させ、人間主義者たちに対しては、地球上の幸福を求める願いを満足させるだろう」とね……。

ロマン主義者　あははは、まさに科学者の考えそうな未来像だよ。彼らは、すぐに科学と非科学に分類して、科学が非科学を管理する社会を夢見たがるんだ。

実際には、科学が地球を滅ぼそうとしていることに気が付かないのかね？　核兵器に放射能汚染、オゾン層破壊に地球温暖化、産業廃棄物に宇宙ゴミ、薬害に遺伝子組み換え食品、農薬に薬物汚染、すべて科学技術から生じた問題じゃないか！

科学主義者　しかし、それ以上に、人類は科学から数えきれないほどの恩恵を被っているはずです。デメリットばかりを挙げてメリットに触れないのは、科学に対してアンフェアではないですか？

美術評論家　ちょっとお待ちください！　さきほどからずっと考えていたんですが、もしバナールの言うような「複合脳」と一体化したら、私たちは赤外線も紫外線も、超音波もエコーも自在に操ることができるようになるわけですよね？

そうなれば、芸術の幅も果てしなく広がることになるのではないでしょうか？　もし未来社会で電波や超音波で芸術を表現できるようになったら、それは科学からのすばらしい贈り物だと思います！

すべては幻想？

司会者　長時間のディスカッション、本当にお疲れさまでした。皆様の活発な議論を通して、さまざまな意味で「感性の限界」が見えてきた一方で、新たな研究の可能性も浮かび上がってきたと思います。

カント主義者　なんだ、このシンポジウムは、もう終わりかね？　やっとカントが晩年に追究した普遍的な美に対する「判断力批判」について話を進めようとしていたところだというのに！

哲学史家　たしかに「感性の限界」というわりには、美学や芸術学に関する話が出ませんでしたな。これまでのシンポジウムでもそうでしたが、どうも司会の方針が、哲学に対して冷たかったように思えてきましたな……。

科学史家　いえいえ、立派な司会だったと思いますよ。それに、あらゆる問題を追究しようとすると、すべて最先端の科学にぶつかるのですから仕方がないでしょう。

大学生A　私は、今日のシンポジウムで、逆に科学というものに感動しました。「愛」と「自由」と「死」が主題ということだったので、完全に文系のイメージを思い描いていたのですが、こんなに理系の発想が見方を広げてくれるとは思いませんでした。どうもありがとうございました。

方法論的虚無主義者　「科学」を視野に入れない「哲学」も、「哲学」を視野に入れない「科学」も、もはや成立しないことは明らかじゃないか！　いいかげんに理系と文系という構図に拘るのは止めたらどうだ！

会社員　たしかに、おっしゃるとおりですね。

私にとっては、これまでの中で最も「人間とは何か」という問題を身近に考えることができたシンポジウムだったと思います。結婚披露宴でお願いしたことを実現していただいて、深く感謝しております。

それにしても、「愛」と「自由」と「死」のような描象概念が、行動経済学、進化生物学や認知科学、あるいは神経生理学や実存哲学の視点から考えていくと、すべて一種の「幻想」かもしれないということが見えてきて、強烈な体験でした。

運動選手　たしかに、そうでしたね。それなのに、なぜか気持ちが楽になったような気がするのは、なぜでしょうか？

大学生C　それは、今度A子とデートするからじゃないの？　さっき二人で約束してたの聞こえちゃったし……。

司会者　それでは皆様、本当にありがとうございました。

ただいまからは懇親会ということで、世界各国の料理をお楽しみください。それではシャンパンで乾杯したいと思います。またいつか、お会いしましょう！

おわりに

二〇一一年三月十一日、東日本大震災が発生した。大地震と大津波と原発事故の組み合わせという「想定外」の悪夢は、大自然の脅威の前で人間がいかに卑小な存在かを思い知らせる出来事だった。被災された皆様と関係者の皆様に、心よりお見舞い申し上げたい。

それからちょうど一年が過ぎた本年三月十一日、「どのように原子力と対峙すべきか」をテーマにしたシンポジウムが京都大学理学部セミナーハウスにおいて開催された。

このシンポジウムは、「NPO法人 知的人材ネットワーク あいんしゅたいん」と「JAPAN SKEPTICS」という二つの研究組織の共催によるもので、「あいんしゅたいん」からは名誉会長の佐藤文隆氏（京都大学名誉教授）、理事長の坂東昌子氏（愛知大学名誉教授）、常務理事の宇野賀津子氏（ルイ・パストゥール医学研究センター基礎研究部室長）、「JAPAN SKEPTICS」からは前会長の安斎育郎氏（立命館大学名誉教授）、会長の松田卓也氏（神戸大学名誉教授）、そして副会長の私が参加して司会を務めさせていただいた。

錚々たる大家の皆様が率直にご意見を闘わせてくださったおかげで、活発な議論で盛り上がり、討論時間も大幅に延長する結果となった。先生方とご来場の皆様に改めて御礼申し上げるとともに、ここで本書とも関係の深いエピソードを幾つかご紹介したいと思う。

二〇〇七年六月三日から八日、「原子核物理学国際会議」が東京国際フォーラムにおいて開催された。この国際会議は一九五一年の第一回会議以来、三年に一度世界各地で開催されるもので、二〇〇七年には三八ヵ国と五地域から七八〇名の研究者が参加している。

開会式では、国内外の来賓が挨拶や祝辞を述べ、ノーベル賞級の科学者七名が講演を行った。佐藤氏は講演者の一人であり、当時は日本物理学会会長だった坂東氏が開催の挨拶をされた。会議のテーマが「二十一世紀の原子核物理学の潮流」ということもあり、どのスピーチも未来へ目を向けた内容だった。ところが、次のような異色のスピーチがあった。

「二一世紀を展望するに当たり、科学の進歩が明暗をもたらした過去の歴史にも改めて目を向けることが必要に思われます。二〇世紀における物理学の進歩が輝かしいものであった一方で、この同じ分野の研究から、大量破壊兵器が生み出され、多くの犠牲者が出たことは、誠に痛ましいことでありました。一九四五年夏、広島と長崎に落とされた二発の原子爆弾により、ほぼ二〇万人がその年の内に亡くなり、その後も長く多くの人々が、放射線障害によって、苦しみの内に亡くなっていきました。今後、このような悲劇が繰り返されることなく、この分野の研究成果が、世界の平和と人類の幸せに役立っていくことを、切に祈るものであります」

誰もが暗黙のうちに避けていた「大量破壊兵器」の「悲劇」に堂々と言及されたのは、天皇陛下だった。(http://www.kunaicho.go.jp/okotoba/01/okotoba/okotoba-h19e.html) 皇后陛下に「天皇陛下のスピーチに感銘を受けました」と坂東氏がレセプション会場で申し上げたところ、「あの原稿は陛下がご自身でお書きになったのですよ」というお答えがあったそうである……。

このエピソードで興味深いのは、世界各国から集まった一流の科学者といえども、全員が一方向だけに目を奪われる可能性があるということである。科学史を振り返ると、世界中の科学者がニュートン物理学の「空気」に支配されていた中で、アインシュタインただ一人だけが、その大前提となる根本概念を平気で覆すことができた。だからこそ、彼は、まさに原子核物理学を可能にする相対性理論を発見できたのである。

それにしても、なぜ人間は「空気」に支配されやすいのだろうか？ それが、本書の主題の一つだった。

一九四五年八月六日、広島に投下された新型爆弾を「原子爆弾」と特定したのは、八月十日に広島で土壌を調査し、高濃度の放射能を検出した京都帝国大学の荒勝文策教授だった。当時、すでに八月九日には長崎に第二の原爆が投下され、第三の投下地点は京都に違いないと予測されていた。そこで荒勝教授は、「原子物理学者としてこれは千載一遇の好機だ。急いで比叡山の頂上に観測所を造って、原爆投下から爆発の状況など、あらゆる角度から、写真や計器を使って徹底的に観測してやろう」と述べたといわれている。

この荒勝教授の発想について、読者はどのようにお感じになるだろうか？

「原爆投下から爆発の状況」を正確に観測しようとするのは、科学者として当然の行為であり、それこそがいわば「科学者の業」だという考え方がある。一方、広島の悲惨な状況を見てきた直後に、甚大な被害を及ぼすに違いない京都で「観測」という他人事のような発想が出てくること自体、同じ人間として信じられないという批判もあるだろう。

科学者と一般人の発想のギャップについては、シンポジウムでも白熱した議論の対象となったが、「荒勝教授のような科学者にはなりたくない」と明言されたのが、安斎氏だった。

第二次世界大戦後、日本は国策として原子力開発の推進を定めた。一九六〇年、東京大学工学部に原子力工学科（現在のシステム創成学科）が創設されたのも、そのための高級技術者養成機関が必要になったからである。安斎氏は、その第一期卒業生として東京大学医学部放射線健康管理学教室の助手となったが、その後、放射線防護学の立場から日本の原発政策に批判を加えるようになったため、「反政府的な国家公務員」というレッテルを貼られた。学内では「安斎を干す」ことが当然の「空気」となり、安斎氏は、すべての教育業務から外され、研究発表には教授の許可が必要になり、同僚からは無視される「万年助手」の立場に封じ込められたという。

このエピソードで驚くべきことは、東大医学部や工学部のように日本を代表する知的研究者が集まっているはずの研究室で、まるで中学生のイジメのような「嫌がらせ」が十七年間も行われたという事実である。

なぜ理性的であるはずの人間が、このような「愚かな」集団行動を取るのだろうか？それも、本書の主題の一つだった。

シンポジウムでは、放射線を過度に恐れるのではなく、かといって過小評価するのでもなく、「正しく恐れる」ことがいかに困難かという点も議論になった。松田氏は、そもそも人類は、未知の現象を過度に恐れるように進化したのではないかと指摘された。

太古の昔、原始人の水飲み場の側に茂みがあって、そこがガサガサと揺れたとする。原因は、風かもしれないし、ライオンかもしれない。そこで、単なる風だから逃げないか、ライオンがいるから逃げるという組み合わせは、妥当な行為である。間違いが生じるのは、ライオンがいるのに逃げない場合と、単なる風なのに逃げてしまう場合だが、前者の間違いを犯した原始人はライオンに食べられて自然淘汰されるため、生き残るのは後者の間違いを犯すタイプの原始人になる。したがって、そこから進化した人類が「幽霊の正体見たり枯れ尾花」のような間違いを犯しやすいのも、当然の帰結だということになるだろう……。

この議論に関連して、宇野氏は、日頃から放射線治療やレントゲンやCTを身近に扱っている医学生理学系の研究者と、理論的に原子核反応を思い浮かべてエネルギー量から人体への影響を考えようとする物理学系の研究者とでは、「放射線」に対する認識のズレがあるのではないかと指摘された。

このエピソードで重要なのは、未知の現象に対する「恐れ」や無意識的な「認識」の相違によって、議論の出発点から結論まで、大きく影響を受ける可能性があるということである。

たとえば、日本は原発を推進すべきか、あるいは廃止すべきだろうか?

この問題に対して、人類の進歩と快適な生活のために、いかに効率的なエネルギーが必要かという論点から出発するか、あるいは、人類の平和と安全な生活のために、いかに低リスクのエネルギーが必要かという論点から出発するかによって、結論の方向性が正反対になることがおわかりいただけるだろう。

しかも、どちらの方向に進む理論も、いくらでも「論理的」に構成できることに注意してほしい。ここで「論理的」というのは、どちらの理論も与えられた情報を矛盾なく織り込み、整合性を保ちながら、並立的に構成できるという意味である。そうなると、人間は、「論理」や「情報」とは別のアプローチによって、結論を導いているという可能性が出てくる。

理性や知性とは別の感性によるアプローチとは、いったい何なのだろうか？　それも、本書の主題の一つだった。

「充分に進歩した科学技術は、魔法と見分けがつかない」というアーサー・クラークの有名な言葉がある。それに付け加えたいのは、現代の科学者は「科学」を行っているが、一般大衆は「科学」ではなく「魔法」を期待しているということである。

シンポジウムで「そんな薬ができるとでも思っているんですかね」と皮肉を込めて紹介されたのは、「科学は進歩したというけれども、振りかけたら放射線が消えてなくなるような薬は、まだ発見されていないではないか」という、ある日本人作家の発言だった。たしかに、これは科学者にとっては笑い話だろうが、おそらく一般大衆の多くは、いつか未来になれば、そのような魔法が発見されるに違いないと、漠然と思っているのである。

その意味では、残念ながら、現実の世界は「限界」に満ちている。『理性の限界』・『知性の限界』・『感性の限界』の三冊の「限界シリーズ」の最初に挙げたのは、オリンピックの百メートル走で、ヒトがあらゆる局面でベストを尽くして走ったとしても、永遠に九秒の壁は超えられないだろうという限界値の話だった。

そこから出発して、「不可能性・不確定性・不完全性・不可測性・不確実性・不可知性・不合理性・不自由性・不条理性」という九つの視点から、学問的なジャンルにとらわれず、知的好奇心の赴くままに、仮想シンポジウムを続けさせていただいた。こうして並べると、壮観なネガティブの山のように映るが、逆に言うと、どれほど果敢に限界に挑戦し続けていることか、信じられないほどポジティブな人間の姿が見えてくるはずである。

これまでの「限界シリーズ」と同じように、本書の最大の目標は、なによりも読者に知的刺激を味わっていただくことにある。極端にデフォルメされた登場人物を織り交ぜながら、ガヤガヤと「雑談」しているようなシンポジウム形式にしているのは、あくまで読者に一緒に議論に参加していただき、楽しみながら考えていただくという趣旨を優先しているからである。その反面、登場人物の発言の中には、かなりの飛躍や厳密性に欠ける論法も含まれているので、その先の本格的な議論については、参考文献を参照していただければ幸いである。

最後になったが、本書出版の機会を与えてくださった講談社現代新書出版部長の岡本浩睦氏と『ゲーデルの哲学』と『理性の限界』以来お世話になっている学術図書第一出版部部長の上田哲之氏に厚くお礼を申し上げたい。『知性の限界』の担当だった二見有美子氏は、書籍宣伝部に異動された後も、相変わらずの笑顔で励ましてくださった。新たに本書担当となった能川佳子氏は、免疫学専攻の東大大学院出身という理系編集者で、原稿に有益なコメントをくださったうえ、前半を校正しながら後半を執筆するという裏業によって締切を延ばしてくださった。校閲や宣伝や販売の担当者も含めて、「限界シリーズ」をサポートしてくださった関係者の皆様に深く感謝したい。

國學院大學の同僚諸兄、ゼミの学生諸君、情報文化研究会のメンバー諸氏には、さまざまな視点からヒントや激励をいただいた。それに、家族と友人のサポートがなければ、本書は完成しなかった。助けてくださった皆様に、心からお礼を申し上げたい。

高橋昌一郎

二〇一二年三月十二日早朝　春雪の舞う京都にて

参考文献

本書の性格上、本文中に出典の注は付けなかったが、本書で用いた事実情報は、原則的に以下の文献から得たものである。なお、本書で扱った話題は多岐にわたり、推奨文献も際限なく挙げることができるのだが、紙面の都合から代表的な主要文献にとどめてあることをご了承いただきたい。

序章　シンポジウム「感性の限界」開幕——結婚披露宴会場より

本章は拙著［1］と［2］の続編である。本書全般において参照してあることをお断りしておきたい。

［1］高橋昌一郎『理性の限界』講談社現代新書、二〇〇八年。
［2］高橋昌一郎『知性の限界』講談社現代新書、二〇一〇年。

第一章　行為の限界

「愛とは何か」は［4］・［9］・［22］、「カーネマンの行動経済学」は［15］・［19］・［20］、「二重過程理論と不合理性」は［3］・［16］・［21］、「人間行為の限界と可能性」は［7］・［12］・［14］をとくに参照した。「表——多彩な二重過程理論」は、［21］の四七〜四八ページを参照して作成した。

［3］Dan Ariely, *Predictably Irrational*, New York: HarperCollins, 2008.［ダン・アリエリー（熊谷淳子訳）『予想どおりに不合理』早川書房、二〇〇八年］
［4］Alex Boese, *Elephants on Acid*, New York: Mariner Books, 2007.［アレックス・バーザ（鈴木南日子訳）『奇想天外な科学実験ファイル』エクスナレッジ、二〇〇九年］

[5] Gretchen Chapman & Brian Bornstein, "The More You Ask For, the More You Get," *Applied Cognitive Psychology*: 10, 519-540, 1996.
[6] Jon Elster, *Strong Feelings*, Cambridge, MI: MIT Press, 1999.［ヤン・エルスター（染谷昌義訳）『合理性を圧倒する感情』勁草書房、二〇〇八年］
[7] Leon Festinger, *When Prophecy Fails*, New York: Harper, 1957.［レオン・フェスティンガー（末永俊郎訳）『認知的不協和の理論』誠信書房、一九六五年］
[8] Helen Fisher, *Anatomy of Love*, New York: Simon & Schuster, 1993.［ヘレン・フィッシャー（吉田利子訳）『愛はなぜ終わるのか』草思社、一九九三年］
[9] Helen Fisher, *Why We Love*, New York: Henry Holt & Co., 2004.［ヘレン・フィッシャー（大野晶子訳）『人はなぜ恋に落ちるのか？』ソニーマガジンズ、二〇〇五年］
[10] Jerry Fodor, *The Modularity of Mind*, Cambridge, MA: MIT Press, 1983.［ジェリー・フォーダー（伊藤笏康・信原幸弘訳）『精神のモジュール形式』産業図書、一九八五年］
[11] Alan Gibbard, *Wise Choices, Apt Feelings*, Cambridge, MA: Harvard University Press, 1990.
[12] Thomas Gilovich, *How We Know What Isn't So*, New York: Free Press, 1991.［トーマス・ギロビッチ（守一雄・守秀子訳）『人間この信じやすきもの』新曜社、一九九三年］
[13] 箱田裕司・仁平義明編『嘘とだましの心理学』有斐閣、二〇〇六年。
[14] Roger Hock, *Forty Studies That Changed Psychology*, Englewood Cliffs, NJ: Prentice Hall, 2002.［ロジャー・ホック（梶川達也・花村珠美訳）『心理学を変えた40の研究』ピアソン・エデュケーション、二〇〇七年］
[15] Daniel Kahneman, *Nobel Prize Lecture: Maps of Bounded Rationality and Autobiography*, Stockholm: Nobel Foundation, 2002.［ダニエル・カーネマン（友野典男監訳・山内あゆ子訳）『ダニ

エル・カーネマン心理と経済を語る』楽工社、二〇一一年〕

[16] Konrad Lorenz, *King Solomon's Ring*, London: Routledge, 1952.〔コンラート・ローレンツ(日高敏隆訳)『ソロモンの指輪』早川書房、一九八七年〕

[17] Konrad Lorenz, *On Aggression*, London: Routledge, 1963.〔コンラート・ローレンツ(日高敏隆・久保和彦訳)『攻撃』みすず書房、一九七〇年〕

[18] John Malouff & Nicola Schutte, "Shaping Juror Attitudes," *The Journal of Social Psychology*: 129, 491-494, 1989.

[19] Matteo Motterlini, *Economia Emotiva*, New York: Rizzoli, 2006.〔マッテオ・モッテルリーニ(泉典子訳)『経済は感情で動く』紀伊國屋書店、二〇〇八年〕

[20] William Poundstone, *Priceless*, New York: Hill & Wang, 2010.〔ウィリアム・パウンドストーン(松浦俊輔・小野木明恵訳)『プライスレス』青土社、二〇〇九年〕

[21] Keith Stanocich, *The Robot's Rebellion*, Chicago: Chicago University Press, 2004.〔キース・スタノヴィッチ(椋田直子訳・鈴木宏昭解説)『心は遺伝子の論理で決まるのか』みすず書房、二〇〇八年〕

[22] Daniel Todes, *Ivan Pavlov*, Oxford: Oxford University Press, 2000.〔ダニエル・トーデス(近藤隆文訳)『パヴロフ』大月書店、二〇〇八年〕

[23] Amos Tversky & Daniel Kahneman, "Judgment under Uncertainty: Heuristics and Biases," *Science*: 211, 453-458, 1974.

[24] John Watson, *Behaviorism*, Chicago: University of Chicago Press, 1930.

[25] John Watson & Rosalie Rayner, "Conditioned Emotional Reactions," *Journal of Experimental Psychology*: 3, 1-14, 1920.

第二章　意志の限界

「自由とは何か」は［41］・［44］・［48］、「ドーキンスの生存機械論」は［33］・［42］・［52］、「進化と不自由性」は［35］・［40］・［43］、「人間意志の限界と可能性」は［47］・［49］・［50］をとくに参照した。「図——複雑性と不確定性の相関イメージ」は拙著［49］の一三七ページの表を改訂したものである。なお本章と拙著［49］に重複する内容があることをお断りしておきたい。

［26］ハンナ・アーレント（大久保和郎訳）『イェルサレムのアイヒマン』みすず書房、一九九四年。
［27］Thomas Blass, *The Man who Shocked the World*, New York: Basic Books, 2004.［トーマス・ブラス（野島久雄・藍澤美紀訳）『服従実験とは何だったのか』誠信書房、二〇〇八年］
［28］Richard Dawkins, *A Devil's Chaplain*, New York: Weidenfeld & Nicholson, 2003.［リチャード・ドーキンス（垂水雄二訳）『悪魔に仕える牧師』早川書房、二〇〇四年］
［29］Richard Dawkins, *The Blind Watchmaker*, London: Penguin Books, 1990.［リチャード・ドーキンス（日高敏隆監修、中嶋康裕・遠藤彰・遠藤知二・疋田努訳）『盲目の時計職人』早川書房、二〇〇四年］
［30］Richard Dawkins, *The Extended Phenotype*, New York: Freeman, 1982.［リチャード・ドーキンス（日高敏隆・遠藤彰・遠藤知二訳）『延長された表現型』紀伊國屋書店、一九八七年］
［31］Richard Dawkins, *The God Delusion*, New York: Houghton Mifflin, 2006.［リチャード・ドーキンス（垂水雄二訳）『神は妄想である』早川書房、二〇〇七年］
［32］Richard Dawkins, *The Greatest Show on Earth*, New York: Free Press, 2009.［リチャード・ドーキンス（垂水雄二訳）『進化の存在証明』早川書房、二〇〇九年］
［33］Richard Dawkins, *The Selfish Gene*, Oxford: Oxford University Press, 1976.［リチャード・ド

ーキンス（日高敏隆・岸由二・羽田節子・垂水雄二訳）『利己的な遺伝子』紀伊國屋書店、一九九一年］
［34］Richard Dawkins, *Unweaving the Rainbow*, London: Penguin, 1998.［リチャード・ドーキンス（福岡伸一訳）『虹の解体』早川書房、二〇〇一年］
［35］Daniel Dennett, *Freedom Evolves*, New York: Allen Lane, 2003.［ダニエル・デネット（山形浩生訳）『自由は進化する』ＮＴＴ出版、二〇〇五年］
［36］Daniel Dennett, *Darwin's Dangerous Idea*, New York: Simon & Schuster, 1995.［ダニエル・デネット（山口泰司・石川幹人・大崎博・久保田俊彦・斎藤孝訳）『ダーウィンの危険な思想』青土社、二〇〇一年］
［37］Stephen Gould, *Rocks of Ages*, New York: Random House, 1999.［スティーブン・グールド（狩野秀之・古谷圭一・新妻昭夫訳）『神と科学は共存できるか？』日経ＢＰ社、二〇〇七年］
［38］John Horgan, *Rational Mysticism*, New York: Houghton Mifflin, 2003.［ジョン・ホーガン（竹内薫訳）『科学を捨て、神秘へと向かう理性』徳間書店、二〇〇四年］
［39］グイド・クノップ（高木玲訳）『ヒトラーの共犯者』上・下巻、原書房、二〇〇一年。
［40］David Linden, *The Accidental Mind*, Cambridge, MA: Harvard University Press, 2007.［デイビッド・リンデン（夏目大訳）『つぎはぎだらけの脳と心』インターシフト、二〇〇九年］
［41］Abraham Maslow, *Motivation and Personality*, New York: Harper, 1970.［アブラハム・マズロー（小口忠彦訳）『人間性の心理学』産業能率大学出版部、一九八七年］
［42］Stanley Milgram, *Obedience to Authority*, New York: Harper, 1974.［スタンレー・ミルグラム（山形浩生訳）『服従の心理』河出書房新社、二〇〇八年］
［43］中村桂子『あなたのなかのＤＮＡ』ハヤカワ・ノンフィクション文庫、一九九四年。

［44］フリードリヒ・ニーチェ（竹山道雄訳）『ツァラトストラかく語りき』上・下巻、新潮文庫、一九五四年。
［45］Karl Popper, *Conjectures and Refutations*, London: Routledge, 1963.［カール・ポパー（藤本隆志・石垣壽郎・森博訳）『推測と反駁』法政大学出版局、一九八〇年］
［46］Karl Popper, *Objective Knowledge*, Oxford: Oxford University Press, 1972.［カール・ポパー（森博訳）『客観的知識』木鐸社、一九七四年］
［47］Karl Popper, *The Open Universe*, edited by W. W. Bartley, London: Hutchinson, 1982.［カール・ポパー（小河原誠・蔭山泰之訳）『開かれた宇宙』岩波書店、一九九九年］
［48］Burrhus Skinner, *Science and Human Behavior*, New York: Free Press, 1965.［バラス・スキナー（河合伊六他訳）『科学と人間行動』二瓶社、二〇〇三年］
［49］高橋昌一郎「決定論と非決定論の絶妙なバランス」『ニュートン別冊：未来はすべて決まっているのか』（ニュートンプレス）、一三四〜一三七ページ、二〇一一年。
［50］高橋昌一郎『ゲーデルの哲学』講談社現代新書、一九九九年。
［51］都甲潔『感性の起源』中公新書、二〇〇四年。
［52］ヨッヘン・フォン・ラング編（小俣和一郎訳）『アイヒマン調書』岩波書店、二〇〇九年。

第三章　存在の限界

「死とは何か」は［54］・［72］・［78］、「カミュの形而上学的反抗」は［55］・［63］・［73］、「意識と不条理性」は［56］・［68］・［77］、「人間存在の限界と可能性」は［53］・［58］・［65］をとくに参照した。なお本章と拙著［76］に重複する内容があることをお断りしておきたい。
［79］は私のツイッター・アドレスである。本書に関するご意見やご感想を頂戴できれば幸いである。

[53] John Bernal, *The World, the Flesh and the Devil*, London: Kegan Paul, 1929.［ジョン・バナール（鎮目泰夫訳）『宇宙・肉体・悪魔』みすず書房、一九七二年］
[54] Susan Blackmore, *The Meme Machine*, Oxford: Oxford University Press, 1999.［スーザン・ブラックモア（垂水雄二訳）『ミーム・マシーンとしての私』上・下巻、草思社、二〇〇〇年］
[55] アルベール・カミュ（佐藤朔・高畠正明編）『カミュ全集』全10巻、新潮社、一九七二〜七三年。
[56] アルベール・カミュ、ジャン・ポール・サルトル、フランシス・ジャンソン（佐藤朔訳）『革命か反抗か』新潮文庫、一九六九年。
[57] Daniel Dennett, *Breaking the Spell*, New York: Allen Lane, 2006.［ダニエル・デネット（阿部文彦訳）『解明される宗教』青土社、二〇一〇年］
[58] Daniel Dennett, *Consciousness Explained*, New York: Little Brown, 1991.［ダニエル・デネット（山口泰司訳）『解明される意識』青土社、一九九七年］
[59] Michael Gazzaniga, *Human*, New York: Ecco, 2008.［マイケル・ガザニガ（柴田裕之訳）『人間らしさとはなにか』インターシフト、二〇一〇年］
[60] Michael Gazzaniga, *The Ethical Brain*, New York: Dana, 2005.［マイケル・ガザニガ（梶山あゆみ訳）『脳のなかの倫理』紀伊國屋書店、二〇〇六年］
[61] Maurice Goldsmith, *A Life of J. D. Bernal*, London: Hutchinson, 1980.［モーリス・ゴールドスミス（山崎正勝・奥山修平訳）『バナールの生涯』大月書店、一九八五年］
[62] Chris Impey, *How It Ends*, New York: Norton, 2010.［クリス・インピー（小野木明恵訳）『すべてはどのように終わるのか』早川書房、二〇一一年］
[63] 川下勝『コルベ』清水書院、一九九四年。
[64] 小泉堅吉郎『科学・技術論講義』培風館、一九九七年。

[65] Benjamin Libet, *Mind Time*, Cambridge, MA: Harvard University Press, 2004.〔ベンジャミン・リベット（下條信輔訳）『マインド・タイム』岩波書店、二〇〇五年〕
[66] 前野隆司『脳はなぜ「心」を作ったのか?』ちくま文庫、二〇一〇年。
[67] 松田卓也『正負のユートピア』岩波書店、一九九六年。
[68] Martin Rees, *Our Final Century*, New York: Heinemann, 2003.〔マーティン・リース（堀千恵子訳）『今世紀で人類は終わる?』草思社、二〇〇七年〕
[69] Carl Sagan, *The Demon-Haunted World*, New York: Random House, 1996.〔カール・セーガン（青木薫訳）『科学と悪霊を語る』新潮社、一九九七年〕
[70] ジャン・ポール・サルトル（伊吹武彦・海老坂武・石崎晴己訳）『実存主義とは何か』、人文書院、一九九六年。
[71] 下條信輔『〈意識〉とは何だろうか』講談社現代新書、一九九九年。
[72] Lauren Slater, *Opening Skinner's Box*, New York: Norton, 2004.〔ローレン・スレイター（岩坂彰訳）『心は実験できるか』、紀伊國屋書店、二〇〇五年〕
[73] William Styron, *Sophie's Choice*, New York: Random House, 1979.〔ウィリアム・スタイロン（大浦暁生訳）『ソフィーの選択』上・下巻、新潮文庫、一九九一年〕
[74] 高橋昌一郎『科学哲学のすすめ』丸善、二〇〇二年。
[75] 高橋昌一郎『哲学ディベート』ＮＨＫブックス、二〇〇七年。
[76] 高橋昌一郎『東大生の論理』ちくま新書、二〇一〇年。
[77] Shankar Vedantam, *The Hidden Brain*, New York: Spiegel & Grau, 2010.〔シャンカール・ヴェダンタム（渡会圭子訳）『隠れた脳』インターシフト、二〇一一年〕
[78] Andreas Wagner, *Paradoxical Life*, New Haven, CT: Yale University Press, 2009.〔アンドレア

ス・ワグナー（松浦俊輔訳）『パラドクスだらけの生命』青土社、二〇一〇年］
［79］@ShoichiroT

N.D.C. 116　264p　18cm
ISBN978-4-06-288153-1

講談社現代新書　2153

感性の限界——不合理性・不自由性・不条理性

二〇一二年四月二〇日第一刷発行　二〇二〇年一二月七日第六刷発行

著　者　高橋昌一郎　

発行者　渡瀬昌彦

発行所　株式会社講談社
東京都文京区音羽二丁目一二―二一　郵便番号一一二―八〇〇一

電　話　〇三―五三九五―三五二一　編集（現代新書）
〇三―五三九五―四四一五　販売
〇三―五三九五―三六一五　業務

装幀者　中島英樹

印刷所　凸版印刷株式会社

製本所　株式会社国宝社

定価はカバーに表示してあります　Printed in Japan

「講談社現代新書」の刊行にあたって

教養は万人が身をもって養い創造すべきものであって、一部の専門家の占有物として、ただ一方的に人々の手もとに配布され伝達されうるものではありません。

しかし、不幸にしてわが国の現状では、教養の重要な養いとなるべき書物は、ほとんど講壇からの天下りや単なる解説に終始し、知識技術を真剣に希求する青少年・学生・一般民衆の根本的な疑問や興味は、けっして十分に答えられ、解きほぐされ、手引きされることがありません。万人の内奥から発した真正の教養への芽ばえが、こうして放置され、むなしく滅びさる運命にゆだねられているのです。

このことは、中・高校だけで教育をおわる人々の成長をはばんでいるだけでなく、大学に進んだり、インテリと目されたりする人々の精神力の健康さえもむしばみ、わが国の文化の実質をまことに脆弱なものにしています。単なる博識以上の根強い思索力・判断力、および確かな技術にささえられた教養を必要とする日本の将来にとって、これは真剣に憂慮されなければならない事態であるといわなければなりません。

わたしたちの「講談社現代新書」は、この事態の克服を意図して計画されたものです。これによってわたしたちは、講壇からの天下りでもなく、単なる解説書でもない、もっぱら万人の魂に生ずる初発的かつ根本的な問題をとらえ、掘り起こし、手引きし、しかも最新の知識への展望を万人に確立させる書物を、新しく世の中に送り出したいと念願しています。

わたしたちは、創業以来民衆を対象とする啓蒙の仕事に専心してきた講談社にとって、これこそもっともふさわしい課題であり、伝統ある出版社としての義務でもあると考えているのです。

一九六四年四月　野間省一

哲学・思想Ⅰ

哲学・思想Ⅱ

宗教

Ⓒ

政治・社会

世界史Ⅱ

日本語・日本文化

105 タテ社会の人間関係　中根千枝
293 日本人の意識構造──会田雄次
444 出雲神話──松前健
1193 漢字の字源──阿辻哲次
1200 外国語としての日本語──佐々木瑞枝
1239 武士道とエロス──氏家幹人
1262 「世間」とは何か──阿部謹也
1432 江戸の性風俗──氏家幹人
1448 日本人のしつけは衰退したか──広田照幸
1738 大人のための文章教室　清水義範
1943 なぜ日本人は学ばなくなったのか──齋藤孝
1960 女装と日本人──三橋順子
2006 「空気」と「世間」──鴻上尚史
2013 日本語という外国語　荒川洋平
2067 日本料理の贅沢──神田裕行
2092 新書　沖縄読本──下川裕治　仲村清司　著・編
2127 ラーメンと愛国──速水健朗
2173 日本人のための日本語文法入門──原沢伊都夫
2200 漢字雑談──高島俊男
2233 ユーミンの罪──酒井順子
2304 アイヌ学入門──瀬川拓郎
2309 クール・ジャパン!?　鴻上尚史
2391 げんきな日本論──橋爪大三郎　大澤真幸
2419 京都のおねだん──大野裕之
2440 山本七平の思想──東谷暁

P